나의 미누 삼촌

귀를 기울이면
나의 미누 삼촌

초판 1쇄 펴낸날 2019년 6월 3일
초판 6쇄 펴낸날 2023년 6월 1일

글 이란주
그림 전진경
펴낸이 홍지연

편집 홍소연 고영완 이태화 전희선 조어진 서경민
디자인 권수아 박태연 박해연
마케팅 강점원 최은 신종연 김신애
경영지원 정상희 곽해림

펴낸곳 ㈜우리학교
출판등록 제313-2009-26호(2009년 1월 5일)
주소 04029 서울시 마포구 동교로12안길 8
전화 02-6012-6094
팩스 02-6012-6092
홈페이지 www.woorischool.co.kr
이메일 woorischool@naver.com

ⓒ이란주, 전진경, 2019
ISBN 979-11-87050-93-3 73810

• 책값은 뒤표지에 적혀 있습니다.
• 잘못된 책은 구입한 곳에서 바꾸어 드립니다.

나의 미누 삼촌

글 이란주
그림 전진경

귀를 기울이면
이주민 이야기

STOP crackdown!

우리학교

\ 이야기를 /
\ 시작하며 /

누구나는 누구나!

많은 어린이가 '인권'을 궁금해합니다. 미래에 인권 단체나 국제 인권 기구에서 일하고 싶다는 꿈을 가진 어린이도 많고요. 어떻게 하면 인권 감수성을 키울 수 있는지 알고 싶은가요? 어렵지 않습니다.

그 첫걸음은 다양한 정체성을 띤 사람들의 삶을 깊이 살펴보고 공감하며, 어떻게 하면 모두가 고르게 행복할 수 있을지 친구들과 같이 이야기해 보는 것입니다.

'인권'은 사람들이 서로 존엄성을 지키며 함께 행복하

게 살기 위해 만들어 낸 약속입니다. 이 약속이 잘 지켜져서 '누구나' 인간으로서 존중받으며 살아갈 수 있다면 정말 좋겠지요?

그런데 우리를 헷갈리게 하는 문제가 하나 있어요. 바로 '누구나'에 누가 포함되느냐 하는 문제입니다. 우리나라 대한민국에서 대한민국 사람의 인권을 보장하기 위해 노력하는 것은 너무도 당연해 보이죠. 하지만 우리나라 국민이 아닌 사람들의 인권에 대해서 생각하면 머리가 조금 복잡해집니다.

다른 나라에서 온 이주민에게도 인권이 있나요?
허가받은 체류 기간이 지난 미등록 이주민의 인권도 보호해야 할까요?
피부색, 출신 국가, 출신 민족, 사용하는 언어가 다르면 인권도 다른 거 아닌가요?
국민의 인권과 이주민의 인권은 똑같이 중요한가요?
나라마다 사정이 다른데 국제사회에서는 인권을 어떻게 다루나요?

이 질문에 대해 여러분은 어떻게 생각하나요?

인권이 모든 사람에게 열려 있는 보편적인 권리라는 사실을 머리로는 이해할 수 있지만, 마음으로 인정하고 삶으로 실천하기란 무척 어렵습니다.

이 책에 등장하는 이주민들은 자신의 삶과 죽음을 통해 인권의 의미를 이야기하고 있습니다. 망설이지 말고 다음 장을 펼쳐 이야기를 읽어 보세요. 그리고 인권의 맛을 느껴 보세요.

여기 소개하는 주인공들은 모두 제가 사랑하는 분들입니다. 고통 속에서도 희망을 놓지 않았고, 인간의 존엄성과 품위를 잃지 않으려고 노력했던 분들이죠. 그 노력에 빚져 우리 사회는 조금씩 인권을 배우며 확장해 가고 있습니다.

다시 한번 존경과 사랑을 전하며, 여러분에게 기쁜 마음으로 소개합니다!

2019년 여름
이란주

차례

이야기를 시작하며 누구나는 누구나! … 4

차별과 혐오는 바오밥 나무와 같아요:
제니 이야기 … 9

불량 농장 탈출 작전: 소반과 씸낭 이야기 … 35

뚜벅뚜벅 걸어와 우리 곁에 서 주세요:
테이 이야기 … 63

읍년사개워리요: 찬드라 이야기 … 81

우리는 모두 무나 머던입니다:
띠누 이야기 … 105

이야기를 마치며
"인류의 가장 아름다운
약속"을 지켜요 … 136

차별과 혐오는
바오밥 나무와 같아요
제니 이야기

살라마, 여러분! 나는 쿠티 제니예요. 마다가스카르 사람이죠.

한국에 오니 마다가스카르 사람은 처음 본다고 아주 신기해합니다. "알아요. 바오밥 나무 있는 나라!" 하면서 바오밥 나무를 먼저 떠올리는 이들도 많았어요. 그렇죠! 마다가스카르에는 바오밥 나무가 있어요. 커다란 둥치에 머리 꼭대기에서만 가지와 잎이 반짝거리는, 아주 귀엽게 생긴 나무죠. 나는 고향에서 매일 보던 나무인데 한국 사람들이 신비한 나무라고 하니까 오히려 그게 더 신기했어요.

한국 사람들은 생텍쥐페리 작가의 동화 『어린 왕자』에서 바오밥 나무를 처음 알게 되었다고 말해 줬어요. 어린 왕자는 조그마한 자기 별에 바오밥 나무가 자꾸 싹을 틔우니까 아주 골치 아파해요. 바오밥 나무는 뿌리가 정말 깊고 거대하게 자라거든요. 나는 걱정하는 어린 왕자의 마음을 쉽게 이해할 수 있었어요.

혹시 우리 나라 마다가스카르에 가 본 적이 있나요? 너무 멀어서 아직 못 가 봤겠지요? 마다가스카르에 가려면 미리 간단한 말라가시어나 프랑스어를 배워 두는 것이 좋겠어요. 한국어는 물론 영어도 거의 통하지 않거든요. 말라가시어는 원래 마다가스카르 사람들이 사용하던 말이고, 프랑스어는 나중에 사용하게 된 말이에요. 마다가스카르는 꽤 오랫동안 프랑스의 식민 지배를 받았던 아픈 역사가 있어요. 그 때문에 언어까지 바뀌었어요. 정말 슬픈 일이죠!

우리 집에서는 말라가시어를 사용했지만, 학교에서는 프랑스어로 공부했기 때문에 나는 프랑스어가 가장 편해요. 그런데 중학생일 때 큰오빠가 말해 줬어요.

"제니야, 좋은 일자리를 잡으려면 영어를 배워야 해."

나는 큰오빠 말대로 영어 공부를 열심히 했어요. 덕분에 공부를 마치고 한 국제 회사에서 영어 통역관으로 일하게 되었어요. 이 이야기를 왜 길게 하느냐고요? 하하. 그 회사에서 통역하다가 한국인 남편을 만나 결혼했거든요. 영어가 나를 한국으로 데려왔다고 할 수 있겠죠?

고향 이야기를 좀 들려줄게요. 내 고향 마하누르에는 재미난 전설이 있어요. 마하누르에서 '누르'는 건강하다는 뜻인데, 고향에 있는 특별한 샘물 때문에 그런 이름이 붙었다고 해요. 마다가스카르 남자아이들은 열세 살이 되기 전에 반드시 할례(남자의 성기 끝 살가죽을 끊는 풍습)를 해야 해요. 할례를 안 하면 나중에 죽어서 가족무덤에 들어갈 수 없어요. 그만큼 중요한 의식이죠.

할례를 치른 남자아이들은 상처가 아파서 한동안 고생해요. 그때 마하누르의 특별한 샘물로 씻으면 상처가 금방 낫는대요. 우리 고향 사람들뿐만 아니라 다른 지방에서도 할례를 한 아이들을 데리고 그 샘물로 씻으러 와요. 얼마

전에 아빠가 전화로 물어보셨어요.

"제니야, 네 아들도 할례를 해야 하지 않겠니? 마하누르로 와야지? 샘물이 여기 있으니까."

"아니요, 아빠. 한국에는 할례 풍습이 없어요. 한국에서 살고 있으니 안 해도 되겠어요."

아빠는 실망하셨을지도 몰라요. 남자라면 당연히 할례를 해야 한다고 생각하는 분이니까요. 하지만 곧 내 의견을 존중해 주셨어요. 고마워요, 아빠.

우리 아빠는 아주 특별한 분이에요. 내가 아홉 살 때 엄마가 세상을 떠나셨어요. 엄마와 아빠 두 분 다 교사로 일하시다가 갑자기 엄마가 돌아가시자 우리 집 형편은 힘들어졌어요.

아빠는 담배 피우기를 무척 즐기셨는데, 하루는 나에게 돈을 주시며 담배를 사다 달라고 부탁하셨어요. 나는 돈을 받으며 "아빠, 저 연필이 없어요. 연필 좀 사 주세요."라고 말했어요. 아빠는 나를 미소 띤 눈으로 잔잔하게 바라보시더니 "그 돈으로 네 연필을 사거라. 나는 이제 담배를 끊어야겠다."라고 하시는 거예요. 그 뒤로는 정말 담배를 딱 끊

으셨어요.

나는 지금도 그때 아빠 표정이 눈에 선해요. 아빠는 마음속에 고여 있는 슬픔과 눈물을 우리에게는 절대 안 보여 주셨어요. 그리고 항상 우리를 격려해 주셨어요.

"지금은 많이 힘들지만 곧 괜찮아질 거야. 할 수 있어. 조금만 더 참고 노력하자."

아빠 덕분에 우리는 긍정적이고 밝게 자랐어요.

나는 항상 우리 집 부엌을 차지하곤 했어요. 부엌에 먹을 게 많아서 그랬냐고요? 사실은 우리 집이 좁고 가족이 많아서 늘 시끄럽기 때문이었어요. 부엌은 한구석에 따로 떨어져 있어서 그나마 조용했거든요. 공부할 자리가 없었던 나는 아빠에게 부엌 열쇠를 받아 그곳에서 혼자 책을 읽고 공부했어요.

나는 공부하기를 좋아했어요. 논술과 철학도 열심히 공부했어요. 덕분에 대학 입학 자격시험인 바칼로레아에서 좋은 성적을 받았지요. 나는 지금도 공부가 즐거워요.

마다가스카르에서 자랄 때 피부색 때문에 가끔 서러운

일을 겪었어요. 학교에서 학예회를 할 때면 앞줄에는 항상 피부색이 밝고 예쁜 아이들이 섰어요. 내가 춤을 잘 추니 앞줄에 서도 되겠지 싶었지만, 선생님은 "제니, 너는 뒤에 가서 서거라." 하고 말했어요.

나보다 밝은 피부를 가진 두 살 터울의 언니 코코와 똑같이 예쁜 옷을 입고 밖에 나가면, 사람들은 "제니도 언니처럼 피부가 하얬으면 얼마나 예뻤을까?"라고 말했어요. 농담으로 하는 이야기였지만, 나는 그런 말이 싫었어요.

코코 언니는 나를 위로했어요.

"괜찮아, 동생아. 우리는 다 같은 사람이야. 피부색만 다른 거야."

화나고 무거운 내 마음을 언니가 안아 주고 풀어 줬어요. 이런 내 마음도 모르고 나를 가장 놀린 것은 우리 집에서 일하는 이모였어요. 부모님이 교사로 일하시던 어린 시절에는 집안일을 도와주는 이모가 같이 살았거든요. 이모는 오랫동안 씻는 코코 언니를 이렇게 나무라곤 했어요.

"코코야, 너는 피부도 하얀데 왜 그렇게 오래 씻는 거니? 너 대신 까만 제니가 오래 씻어야지. 너는 안 그래도 돼."

　　아무 잘못도 없는 나는 괜히 주눅이 들었어요. 정말 오래전 이야기죠. 그런데 지금까지도 그 말이 계속 나를 따라다녀요. 어쩌면 한국에서 겪을 일을 미리 알고 나를 단련시키려는 것이었는지도 몰라요.

　　한국에서 지내는 동안 나는 피부색 때문에 당혹스러운 일을 종종 겪었어요.

　　"흑인 피부가 따뜻하다고 해서 한번 만져 보고 싶었어요."

　　다짜고짜 다가와서 내 피부를 만져 보는 사람도 있고요.

　　"어머나, 한국에서 일 년이나 살았는데 하나도 안 하얘졌네?"

　　설마 농담? 뭐, 이 정도는 웃으며 넘길 만큼 나도 강해졌어요. 그보다 더 심한 일도 많이 겪고 있으니까요.

한국에 온 지 얼마 되지 않았을 때 이야기예요. 어느 비 오는 날 버스에 탔어요. 빈자리가 딱 하나, 한 아주머니의 옆자리였어요. 나는 조용히 그 자리에 앉았어요. 곧 옆자리에서 나를 계속 바라보는 시선이 느껴졌어요. 얼굴이 따끔거리고 몸과 마음이 얼어 버려서 도저히 그 얼굴을 마주 볼 수 없었어요. 그냥 고개를 숙이고 모른 척했지요.

'제발 그렇게 쳐다보지 마세요……. 내가 일어날까? 아니, 그럼 더 이상해 보이겠지. 그냥 앉아 있을까? 어떡하지? 어떡하지? 바보! 왜 여기 앉았어…….'

어쩔 줄 모르고 있는데 아주머니가 벌떡 일어났어요. 그대로 서 있는 걸 보니 내리려는 것은 아니었나 봐요. 아, 내 옆에 앉기 싫은 거구나! 아주머니 자리를 빼앗은 것 같아서 미안했어요. 나도 일어났지요. 흘끔흘끔 쳐다보던 아주머니는 다시 자리에 앉았어요.

나는 그때 '차별'이라는 한국말을 몰랐어요. 마음속에서 '라씨스무! 라씨스무!'라는 말이 둥둥 울려 퍼졌어요. 그 말이 입 밖으로 튀어나올 것 같아서 이를 꽉 악물고 숨을 참았어요. '라씨스무'는 프랑스어로 '인종차별주의'라는 말이에요. 피부색이나 출신 국가 등이 다른 사람을 차별하는 말과 행동을 뜻하죠.

내 딸이 아기일 때 이런 일도 있었어요. 딸아이를 안고 지하철을 타러 가는데 어떤 사람이 길을 막고 다짜고짜 묻는 거예요.

"얘는 누구 아기예요?"

"제 아기인데요."

"진짜예요?"

"네, 진짜예요."

"정말이죠?"

계속 의심스러운 눈초리. 내가 남의 아기를 유괴했다고 생각하는 것 같았어요. 무척 당황했지만 정신을 바짝 차렸어요.

'이 사람 내 말을 진짜 안 믿나 봐. 가족 이름이 적힌 건강보험증이라도 보여야 하나? 아니 아니, 경찰에 신고할까?'

복잡한 생각이 스치는데, 그 사람은 갑자기 말을 바꿨어요.

"야, 예쁘네. 딸 예쁘네! 그런데 아이가 당신 피부를 안 닮아서 정말 다행이에요."

하, 이런……! 그 사람은 아무렇지 않게 말했어요. 정말 내 딸을 칭찬하는 것처럼 말이죠. 하지만 그 말은 바윗덩어리가 되어 내 마음을 짓눌렀어요. 그런 칭찬은 안 들어도 괜찮으니, 제발 말을 좀 조심해 주면 안 될까요?

그 뒤로는 낯선 한국 사람이 다가오면 피했어요. 누군가 말을 걸어오면 "I'm sorry. I can't speak Korean(죄송하지만, 저는 한국말을 할 줄 몰라요)." 하고 일부러 영어로 말했어요. 또 나쁜 말을 듣게 될까 봐 두려웠거든요.

나는 한국어를 하나도 모르는 상태에서 한국에 왔어요. 한국에서는 내가 잘하는 말라가시어와 프랑스어, 영어는 아무 소용이 없었어요. 그래서 한국 사람들이 다가오면 더 두려웠던 것 같아요. 그렇다고 언제까지나 피할 수만은 없잖아요. 나는 한국어를 공부했어요. 지금은 "세상에!"라는 감탄사가 저절로 나올 만큼 한국어를 할 수 있어요. 그렇다고 아주 잘하는 것은 아니니 너무 기대하지는 마세요. 하하.

'이제 한국 사람들과 대화도 할 수 있으니 뭔가 즐거운 일을 찾아볼까?'

좋은 생각이 떠올랐어요. 그래, 영어를 가르치면 되겠다! 나는 영어를 가르칠 자격을 얻으려고 더 공부했어요. 한 대학교에서 운영하는 영어 교육 전문 과정에 참여했어요.

그때 아홉 명이 한 반이었는데, 나 빼고는 모두 한국 사람이었죠. 전부 영어를 가르치는 선생님들이었어요. 그들과 반년간 같이 밥 먹고 공부하다 보니 사이가 가까워졌어요.

그러던 어느 날, 공부를 마치고 집에 가는 길에 누군가 "우리 지하철 탈까요?"라고 말했어요. 곧이어 튀어나온 한 목소리.

"나는 싫어. 지하철에 외국인 많잖아. 특히 흑인 때문에 냄새나서 못 참아."

너무나 놀라운 말이었어요.

"선생님! 나도 외국인이고 흑인인데, 나도 냄새나요?"

"아니, 아니. 선생님은 말고."

그분은 버스를 타러 휙 가 버렸어요. 다른 사람들이 나를 위로했지만 소용없었어요. 이미 그 말은 날카로운 송곳이 되어 내 마음을 깊이 찔렀으니까요.

그런 일을 겪으면서도 나는 영어 선생님이 될 준비를 잘 마쳤어요.

'이제는 학생들을 만날 수 있겠구나!'

나는 정말 좋은 선생님이 되고 싶었어요. 하지만 또 이상한 일이 생겼어요. 영어 학원에 이력서를 내면 다 합격했는데 면접만 보면 떨어지는 거예요. 필요한 자격을 모두 갖췄는데 왜 자꾸 떨어지는 걸까? 처음에는 그 이유를 몰랐어요.

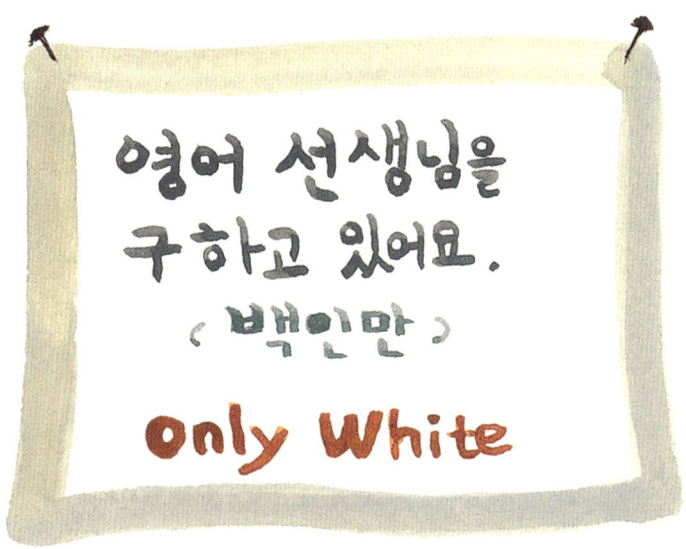

그런데 영어 강사들이 모이는 인터넷 사이트를 찾아보다가 한 영어 학원에서 올린 글을 봤어요.

아, 이거였구나! 문제는 바로 내 피부색이었어요! 어떤 영어 학원에서도 피부색이 짙은 나에게 일자리를 주지 않았어요.

차별은 거기서 끝나지 않았어요. 우리 딸도 송곳에 찔리기 시작했어요. 막 초등학교에 들어간 딸은 친구들과 잘 지냈어요. 하지만 슬픈 일은 느닷없이 일어났지요.

어느 날 놀이터에서 만난 친구들이 딸에게 말했어요.

"너 얼굴이 왜 그렇게 더러워? 아침에 세수 안 했어?"

"아니, 나 세수했는데!"

딸은 놀라서 두 손으로 자기 얼굴을 감쌌어요. 아이들은 그사이 저쪽으로 가서 저희끼리 놀았어요. 소곤소곤, 와하하하!

딸에게서 그 이야기를 전해 듣자 다리가 후들후들 떨렸어요.

'드디어 올 것이 왔구나! 아, 제발…….'

내가 겪은 일을 딸도 겪게 할 수는 없어요. 나는 아이의 마음을 마구 찌르는 송곳을 어떻게든 막고 싶었어요.

아이가 다니는 학교 선생님에게 그 이야기를 전했어요. 아이들에게 자초지종을 묻거나 탓하지 말고, 모든 학생이 참여하는 인권 교육을 하자고 제안했어요. 선생님은 처음에는 좋다고 하더니 금세 마음을 바꿨어요. 그러지 않기로 약속해 놓고, 그때 우리 딸과 같이 있던 아이들을 한자리에 불러서 무슨 일이 있었는지 물어본 거예요.

"얘 얼굴에 아이스크림이 묻어서 그랬어요."

"아녜요, 선생님. 내 얼굴에는 아무것도 묻지 않았어요."

"선생님이 보기엔 네가 친구들 말을 오해한 것 같은데? 아니라고 하잖니. 아이스크림이 묻었다잖아."

선생님은 내 딸의 마음을 다시 한번 송곳으로 찌른 겁니다. 그리고 나에게도 말했어요.

"어머니가 오해하신 거예요. 얼굴에 아이스크림이 묻어

있었대요. 우리 학교에는 절대 인종차별이 없으니 안심하세요. 인권 교육은 안 해도 되겠어요."

"그렇지 않아요, 선생님! 차별은 그렇게 작은 일에서 시작되는 거예요. 아이들이 더는 그런 말로 서로를 찌르지 않도록 정확하게 알려 줘야 해요."

선생님은 끝까지 내 입장을 이해하지 못했어요. 나의 눈물과 외침은 선생님에게 가닿지 못한 채 흩어지고 말았어요.

나는 사람들이 아무렇지도 않게 내뱉는 '차별이 담긴 말', '남에게 상처 주는 행동'에 대해서 곰곰이 생각해 봤어요. 입에서 나오는 '말과 행동'이 어떻게 날이 선 흉기가 되어 다른 사람의 마음을 찌르는지 살펴봤죠. 나를 찔렀던 말이 어떻게 생겨나고 어떻게 날아와 나를 아프게 했는지 짚어 봤어요.

상처 주는 말과 행동을 하는 사람들은 그 말과 행동이 얼마나 무서운 흉기가 되는지 모를 거예요. 그 흉기에 찔린 사람은 상처가 너무 아프고 두려워서 아무 말도 못 했을

테고요. 나처럼 말이에요.

　　이제 더 용기를 내야겠어요. 아무도 대신해 주지 않으니 내가 직접 말해야겠어요.

　　나는 어린이들을 만나 '인종차별과 혐오'에 대해 이야기하고 있어요. 내가 겪은 일을 나누고, 그런 말을 들었을 때 내 마음이 어땠는지 이야기했어요. 어린이들이 직접 겪은 차별에 대해서도 같이 이야기를 나눴어요. 함께 대화하다 보면, 차별이 어디 멀리 있는 것이 아니라 바로 우리 일상에서 매일 벌어지고 있다는 사실을 알게 되곤 해요.

"아무리 맞는 말이라도 입을 열기 전에 옆 사람을 먼저 봐야 해요. 내가 한 말 때문에 옆 사람이 상처받을 수 있어요. 마른 사람 앞에서 편식해서 살이 안 찐다고 흉보는 것은 참 곤란한 행동이에요. 살찐 사람이 곁에 있는데 게으르고 운동을 안 해서 뚱뚱해졌다고 말하는 것도 안 돼요.

차별, 인종차별이란 무엇일까요?

장애인 앞에서 같이 있으면 불편하다고 말하는 것도 차별이죠. 나같이 피부색이 짙은 사람 앞에서 '흑인은 싫어. 냄새나. 자기 나라로 가 버려.'라고 말하면, 그것이 바로 인종 차별입니다. 말이 입에서 나가기 전에 그 말을 들을 사람의 마음을 먼저 생각해야 해요. 한국인들도 외국에 가면 다양한 차별을 겪지요. '우리도 다 겪는 일이야.' 하고 당연히 받아들일 것이 아니라 세상에서 차별을 몰아내기 위해 다 같이 노력해야 해요."

나는 요즘 어린 왕자의 바오밥 나무를 생각해요.
'바오밥 씨앗이 자라도록 놔두면 그 뿌리가 내 작은 별을 꿰뚫어 부서지게 할 거야.'
어린 왕자는 걱정하는 마음으로 매일 신경 써서 바오밥 나무 싹을 뽑았어요.
'차별과 혐오'는 어린 왕자의 바오밥 나무와 같다고 생각해요. 우리 마음속에서 차별과 혐오의 싹이 올라올 때 '아직 어린 싹이니까 괜찮아.' 하고 그대로 놔둔다면, 그 싹은 점점 자라 거대한 뿌리로 우리 마음을 온통 휘감아 버릴 거예요. 그러기 전에 '차별과 혐오'의 싹을 뽑아내는 것이 옳지 않을까요. 여러분은 어떻게 생각하나요?

아, 잠깐 잠깐! 바오밥 나무가 사실 아주 멋진 나무라는 건 말 안 해도 알죠?

> **" 인종차별은 우리 가까이에 있어요 "**

사람을 피부색이나 인종, 출신 국가, 민족, 지역 등에 따라 차별하고 배제하는 것을 인종차별이라고 합니다. 오래전 아시아와 아프리카, 남아메리카를 식민 지배하던 서양 나라들은 그 지역 주민이 열등해서 우월한 백인의 지배를 받아야 한다고 주장했어요. 그 주장이 널리 퍼지면서 뿌리 깊은 인종차별이 생겨났습니다.

요즘은 특정 종교를 믿는 사람을 혐오하고 차별하는 것, 출신 나라의 경제력에 따라 차별하는 것도 모두 인종차별에 해당한다고 봅니다. 직원을 구할 때 피부색, 인종, 출신 국가를 따져 불이익을 주는 것, 방송에 나오는 흑인 분장, 아시아나 아프리카계 사람들은 무조건 가난하다고 생각하는 편견, 음식이나 복식 등 문화를 얕잡아 보는 태도, "너희 나라에 냉장고 있어? 자동차도 있어?" 같은 식의 예의 없는 질문, 식당이나 목욕탕 같은 대중 시설에서 외국인을 거절하는 경우 등 우리가 전혀 생각하지 못하는 곳곳에 인종차별이 숨어 있답니다.

나도 모르게 실수하지 않도록, 무엇이 인종차별인지 제대로 알고 소수자(성·나이·장애·인종·국적·종교 등에서 다수를 차지하는 사람들과 다르다는 이유로 차별받는 사람)의 아픔에 민감해져야 하겠죠?

"공연이나 연기를 위한 흑인 분장도 차별인가요?"

가끔 흑인이 아닌 연예인이 흑인으로 분장했다가 논란을 빚는 일이 생깁니다. "이것도 인종차별이다.", "단지 분장을 했을 뿐인데 인종차별이라고 비판하는 것은 너무 과하다." 등 여러 주장이 있죠.

이런 분장이 왜 문제가 될까요? 그것은 예전에 백인이 피부를 검게 칠하고 흑인을 우스꽝스럽게 표현한 역사가 있기 때문입니다. 그런 일이 숱하게 벌어지며 흑인은 조롱거리가 되었고, 나아가 '흑인은 마음대로 놀리거나 차별해도 되는 사람'이라는 편견을 만들어 냈습니다. 지금도 이런 분장은 흑인에 대한 폭력과 핍박을 떠올리게 하므로 당연히 인종차별에 해당합니다.

동양인도 서양에서 비슷한 조롱을 당하는 때가 있습니다. 일부 서양인은 동양인의 작고 찢어진 눈을 흉내 내며 놀리거나 노란 피부색과 말투, 식문화, 정치까지 다양한 이유로 무시하고 비난하기 일쑤죠.

누구든 어떤 이유로도 차별해서도 차별받아서도 안 됩니다. 나도 모르게 무의식중에 누군가를 차별하지 않도록 평소에 인권 감수성을 높이기 위해 노력해야 해요. 만약 나 자신이 차별받는다면, 용기를 내어 잘못된 일이라고 말하며 주변 사람들과 힘을 모아 차별 없는 세상을 만들기 위해 노력해야겠지요.

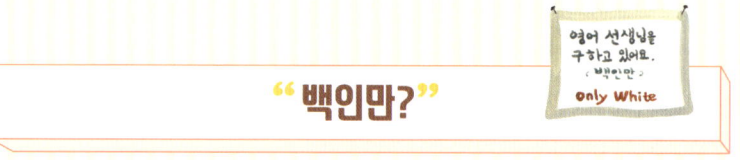

"백인만?"

가끔 영어 학원에서 올리는 강사 모집 홍보 글에 'Only White(백인만)'라는 표현이 등장합니다. 학원에서는 고객이 백인을 선호하기 때문에 어쩔 수 없다는 변명을 합니다.

그러나 사람을 피부색에 따라 선호하거나 꺼리는 것은 엄연한 인종 차별이에요. 작은 차별 행위를 별것 아니라고 가볍게 넘어 간다면,

순식간에 혐오와 폭력으로 자랄 것입니다. 어떤 작은 차별의 씨앗도 뿌리내리지 못하도록 우리 마음속을 잘 살펴야 해요.

"사람들은 왜 다른 나라로 이주할까요?"

유엔(UN, 국제연합)이 발표한 보고서에 따르면, 세계 인구 중 2억 5천 800만 명이 태어나고 자란 나라를 떠나 다른 나라로 이주했습니다. 또 국내 이주와 해외 이주를 합치면 무려 10억 명이 고향을 떠나 살고 있고요. 인류 역사가 시작된 이래 사람들은 끊임없이 이동해 왔습니다. 더 나은 삶을 찾기 위해서죠.

더 높은 임금, 좋은 교육, 깨끗한 환경과 같은 긍정적인 목표를 찾아가는 자발적 이주가 있는가 하면, 전쟁과 가난, 환경오염, 정치적 탄압 등에 떠밀려 어쩔 수 없이 선택하는 이주도 있습니다.

이러한 현상을 이주민을 끌어들이는 요인과 밀어내는 요인으로 설명하기도 해요. 이주민을 받아들이는 나라에서 발생하는 저출산 고령화로 인한 노동력 부족 현상이 이웃 나라 사람을 끌어들이는 주요 요인이고, 이주민을 보내는 나라의 많은 인구와 일자리 부족이 사람들을 다른 나라로 밀어내는 요인이 되고 있어요.

불량 농장 탈출 작전
소반과 썸낭 이야기

"소반."

"예."

"이리 와. 여기 사인해."

사모님이 내민 종이에는 '숙식비 공제 동의서'라고 쓰여 있어요. 음, 이게 뭐지? 이미 사인을 하고 앉아 있던 썸낭은 고개를 살짝 저었어요. '나도 몰라.' 하는 표정.

"이게 뭐예요, 사모님?"

"기숙사비 15만 원 올리는 거야."

"예? 그럼 35만 원요?"

사모님은 그동안 20만 원씩 받던 기숙사비를 35만 원으로 올린다는 엄청난 내용이 적힌 종이를 아무렇지도 않게 내밀며 사인하라고 했어요.

"너무 비싸요. 35만 원."

"뭐가 비싸? 내년에 월급 오르니까 이만큼은 내야지!"

"너무 많아요."

"뭐가 많아? 월급을 너무 많이 줘서 시금치 팔아도 돈이 하나도 안 남아. 빨리 사인해!"

"안 돼요."

"빨리해! 사인 안 해도 월급에서 뺄 거야."

지금 안 하면 저녁에 사장님이 와서 또 한바탕 소란을 일으킬 것 같아서 어쩔 수 없이 사인했어요. 내 이름 옆에 캄보디아말로 '사모님이 사인하라고 해서 강제로 합니다.'라고 썼어요. 캄보디아말을 모르는 사모님은 "얘들은 이름이 왜 이렇게 길어?" 하더니 종이를 휙 빼앗았어요.

"저 밭에 쪽파 다 뽑아서 정리해."

사모님은 일 폭탄을 던지고 가 버렸어요.

"기숙사비 올리는 거지?"

"그렇대. 넌 뭔지도 모르고 사인한 거야?"

"응. 막 눈을 무섭게 뜨고 빨리하라고 해서."

"약속 지켰어?"

"그럼!"

우리는 회사에서 무엇인지 모르는 것에 서명하라고 하면 이름 옆에 '강제로 사인합니다.'라고 쓰기로 약속했어요. 혹시 나중에 도움이 될지 모르니까요.

그나저나 참 어이가 없네요. 내년 1월부터 최저임금이 오른다니 월급을 좀 더 받을 수 있으려나 했는데, 기숙사비로 도로 가져간대요. 맥이 탁 풀렸어요.

썸낭과 나는 이 농장에서 일 년째 일하고 있어요. 시금치, 쑥갓, 대파, 쪽파 같은 농작물을 키워요. 아침에 해가 뜨기도 전에 밭에 딱 서면 한숨이 먼저 "휴우우우우우." 하고 나와요. 이 많은 일을 언제 다 하지? 우리는 매일 아침 5시 30분부터 저녁 6시 30분까지 일해요. 시금치나 쪽파가 많이 나가는 날은 밤 9시를 넘길 때도 있어요. 아침밥과 점

심밥 먹는 시간을 30분씩 빼도 하루 12시간씩 일하는 거죠. 쉬지도 못하고 죽도록 일만 하니까 내가 사람인지 기계인지 헷갈릴 때가 많아요.

계속 일해야 하나, 그만두게 해 달라고 말해야 하나, 우리는 일 년 내내 망설였어요. 매일 12시간 넘게 일하지만, 우리가 받는 돈은 하루 8시간 치뿐이죠. 매일 4시간씩 더 일한 월급은 도둑맞고 있어요. 4시간씩 더 일한 만큼 잔업수당을 달라고 말한 적이 있는데 사장님은 무서운 얼굴로 대답했어요.

"잔업수당? 그런 게 어딨어?"

"사장님, 한국 법에 잔업수당 있어요."

"난 몰라, 그런 거."

"아녜요. 있어요. 법 지키세요. 사장님."

"시끄러워! 네놈이 나를 가르쳐? 그런 법, 내 법에는 없어! 캬악~ 퉤!"

사장님이 내뱉는 가래침을 휙 피하면서 생각했어요.

'우리 사장님은 원래 법을 안 지키는 사람이구나. 나중에 그만둘 때 한꺼번에 받아야겠다.'

썸냥과 나는 매일매일 일을 시작하는 시간과 마치는 시간을 달력에 깨알같이 써 놨어요. 우리는 아무리 힘들어도 일을 그만둘 수 없어요. 사장님이 '이 사람이랑 더는 일 안 합니다.'라고 사인해 줘야 그만둘 수 있어요. 만약 사인을 받지 못하고 일을 그만두면 사장님이 우리를 신고해 버려요. 그러면 비자가 없어지죠.

처음에는 한국 사람들도 다 그렇게 일하는 줄 알았어요. 한국 사람들은 사장님에게 사인을 안 받아도 다니던 직장을 그만두고 다른 일자리를 찾을 수 있다는 사실을 나중에야 알았어요. 외국 사람만 사장님 사인을 받는 거래요.

이주 노동자 상담소에서 이건 빨리 없애야 할 '차별'이라고 말해 줬어요. 아무튼 우리는 비자 없는 사람이 되기 싫어서 죽을 둥 살 둥 참고 있는데, 사장님은 잔업수당을 주기는커녕 기숙사비를 15만 원이나 올린대요.

우리 기숙사를 직접 보면 아마 기가 막힐걸요. 사람 사는 데가 아니거든요. 넓디넓은 밭에 비닐하우스가 주르륵 있는데, 딱 가운데 비닐하우스 안에 우리 기숙사가 있어요. 농사 기구와 비료가 가득 차 있는 비닐하우스 속 작은 컨

테이너에 우리가 살아요.

　방문 손잡이에는 마른 수건을 감아 뒀어요.

손잡이를 맨손으로 잡으면 찌릿 전기가 오거든요.

　"사장님, 여기 전기 와요."

　"안 죽어. 괜찮아."

그뿐 아닙니다.

　"사장님, 화장실 없어요. 안 좋아요."

　"화장실? 야, 저기 넓은 밭이 다 화장실이야. 아무 데나

싸.”

"샤워실 없어요. 힘들어요. 따뜻한 물도 없어요."

"너 원래 샤워 잘 안 하잖아. 그냥 아무 데서나 씻어. 남자니까 괜찮아."

사장님은 말이 안 통하는 사람이에요. 어쩔 수 없이 우리는 똥을 누러 갈 때 삽을 들고 밭으로 가요. 누가 오나 안 오나 신경을 바짝 곤두세워야 하니까 불안하기 짝이 없어요. 샤워하는 곳에는 까만 비닐을 잘라 커튼으로 쳤어요. 샤워할 때 누가 볼까 싶어서요. 따뜻한 물도 나오지 않아서 우리 돈으로 돼지 꼬리 히터를 하나 사 왔어요. 이걸 물통에 넣으면 물이 따뜻해지거든요.

어떤 환경에서도 사람은 살게 돼 있나 봐요. 텔레비전에서 오지 체험을 한다고 먼 나라까지 가는 한국 사람들을 봤어요. 우리는 막 웃었어요.

"뭘 저렇게 고생하며 멀리까지 가는 거지? 우리 농장에 오면 오지 체험 할 수 있는데……."

사장님은 약 올리기 대장이에요. 우리는 한 달에 두 번만 쉬거든요. 기다리고 기다렸다가 부모님께 돈을 보내려고 시내에 있는 은행에 가는 길인데 사장님이 자기 차에 태워 준대요. 웬일인가 했지요. 그런데 시내로 바로 안 가고 어딘가로 한참 가더라고요.

"봐라, 저기가 우리 집이다."

자랑스러운 목소리. 하얀 벽과 오렌지 색 지붕이 보였어요. 잔디 깔린 마당 둘레에 보랏빛 꽃이 피어 구름처럼 둥실둥실했어요.

'우리를 집에 초대하려나? 은행에 빨리 가야 하는데!'

휙 지나치는 자동차. 뭐야, 자랑만 하는 거야? 뭐 다 좋아요. 사장님이니까 좋은 집에 사는 거지요. 문제는 우리를 오지 같은 곳에서 살게 하면서 20만 원이나 받는다는 거예요. 둘이 합치면 40만 원. 더구나 앞으로는 35만 원, 둘이 합치면 70만 원! 그 큰돈을 내고 이런 방에 살 수는 없어요. 더 이상 하루에 4시간씩이나 공짜로 일해 줄 수도 없어요.

이번에는 꼭 말해야지! 우리는 빠르게 손을 놀려 쪽파를 뽑아 정리했어요. 기다리고 기다렸지만, 막상 사장님이 오니 가슴이 떨렸어요.

"사장님, 우리 방 많이 나빠요. 기숙사비 35만 원 너무 많아요. 우리 매일 12시간 일해요. 하지만 돈은 8시간입니다. 법 지켜 주세요."

"법? 그런 법 없다고 했잖아!"

"우리도 한국 법 알아요. 사장님, 법 지켜 주세요."

"시끄러워! 그런 법 나는 안 지켜도 돼. 야, 외국인 등록증 줘 봐."

"왜요, 사장님?"

"달라면 줘! 자꾸 토 달지 말고!"

"외국인 등록증, 사장님이 가져가면 안 돼요. 우리가 가지고 있어야 해요."

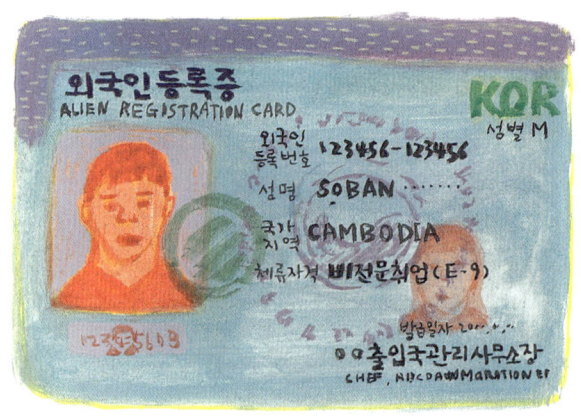

"뭐? 아니, 이 새끼가!"

"욕하지 마세요. 사장님!"

왈칵 내 멱살을 잡고 주먹을 날리는 사장님. 퍽! 별이 번쩍.

"때리지 마세요! 욕하지 마세요!"

어정쩡하게 서 있던 썸낭이 달려들어 뒤에서 사장님 허리를 안고 끌어당겼어요. 나는 맞붙어서 싸우고 싶은 마음을 간신히 참았어요. 우리 둘이 같이 있어서 정말 다행이에요. 혼자였더라면 아마 못 참았을 거예요. 이왕 시작했으니 끝까지 말해야죠. 때린다고 말 못 할 줄 알고!

"우리 12시간 돈 안 주면 일 안 해요. 일 년 치 돈 다 주세요."

"뭐가 어째? 아니 이 자식이! *%&$#"

사장님이 주먹을 부르르 떨며 욕을 쏟아 냈어요.

"너희 일 안 하면 이탈 신고할 거야. 일 안 할 거면 네 나라로 가. 내가 다른 회사로 가게 할 줄 알아?"

"법 안 지킨 거, 사장님! 법을 지키세요! 우리 돈 주세요!"

늘 조용하던 썸낭이 제대로 소리를 질렀어요. 어쭈, 제법인데?

"우리 내일 고용 센터 가요. 12시간 일해요, 8시간만 돈 받아요, 다 말할 거예요."

"맘대로 해. 이 자식들아!"

사장님은 발을 구르며 고래고래 소리 지르더니 고무 통을 뻥 걷어차고 가 버렸어요. 갑자기 일이 커졌어요. 우리는 기숙사비를 적당하게 내고 싶었고, 마땅히 받아야 할 잔업수당을 받고 싶었던 것뿐이에요.

"아프지?"

"아냐, 괜찮아. 힘이 별로야, 사장님. 그건 그렇고 어떡하지?"

썸낭이 물어보니까 맞은 뺨이 더 화끈거렸어요. 나는 애써 안 아픈 척했어요.

"뭘 어째? 더는 못 참아!"

썸낭이 단호하게 말하더니, "이거 봐." 하며 주머니를 뒤져 휴대 전화를 꺼냈어요. 그 안에는 아까 사장님이랑 있었던 일이 다 녹음되어 있었어요.

"엇, 어떻게 이걸?"

썸낭이 양쪽 입꼬리를 쓱 올리며 어깨를 으쓱했어요. 자랑스럽다는 거죠. 좋아, 우리 이 불량 농장에서 탈출하는 거야!

우리는 날이 밝기를 기다렸다가 휴대 전화로 동영상을 찍었어요.

"사장님 오기 전에 빨리해야 해!"

썸낭이 비닐하우스 기숙사를 안내하고 내가 휴대 전화로 촬영했어요. 영화를 찍는 것처럼요.

비닐하우스 앞에 서서 3초간 입구를 찍고 안쪽으로 들어갑니다. 왼쪽으로 수도꼭지와 물통, 까만 비닐 커튼이 보이네요. 오른쪽으로는 손수레 세 개가 보여요. 하나는 바퀴가 빠져서 기우뚱 기울었군요. 차곡차곡 쌓여 있는 비료 부대가 보이고요. 그 앞에는 똘똘 말아 묶은 빈 비료 부대가 작은 더미를 이루고 있어요. 어제 썸낭이 무릎으로 눌러 가며 솜씨 좋게 묶어 둔 거죠. 박스가 종류대로 잔뜩 쌓여 있어요. 채소를 담아 내보낼 박스니까 깨끗하게 관리해야 해

요. 그 옆에는 삽이 몇 개 세워져 있고, 망치, 펜치, 철사, 못이 가득 든 낡은 나무 상자가 하나 있어요. 농약병이 담긴 박스가 다섯 개, 기름이 반쯤 든 드럼통과 작은 발전기가 보여요.

그 옆에는 우리 이웃 꼬꼬들이 사는 닭장이 있어요. 언뜨리, 이리 와. 들은 척도 안 하고 발톱으로 땅을 팝니다. 벌레라도 찾은 거니? 대답을 안 하네요. 원래는 친해요. 언뜨리가 카메라 때문에 긴장한 것 같아요. 녀석은 엄청나게 멋있는 수탉이죠. 검붉은 날개를 활짝 펴면 마치 독수리 같아요. 언뜨리는 캄보디아말로 독수리예요. 이곳에 처음 왔을 때는 닭장이 없었는데 사장님이 우리더러 만들라고 시켰어요.

"닭, 우리랑 같이 살아요?"

"어, 너희가 키워. 잡아먹으면 안 돼!"

사장님이 병아리를 몇 마리 데려왔어요. 병아리들은 깃털이 조금씩 자라더니 어느덧 닭이 됐어요. 매일 달걀을 여덟 개쯤 낳아요. 그중에서 두 개만 우리 먹으래요. 가끔은 몰래 하나씩 더 먹어요.

"오늘은 세 개뿐이야? 너희가 먹은 거 아니고?"

"아니요."

시치미 뚝! 우리도 먹어야 살지요.

그다음은 우리 방, 먼저 손잡이를 찍어요. 썸낭이 소매 끝을 당겨 손바닥을 감싸고 손잡이를 잡아당겼어요. 그 모습을 클로즈업해요. 전기가 흐르는데도 안 고쳐 주니까 이건 꼭 보여 줘야 해요. 방으로 들어가서 곰팡이로 온통 새까만 오른쪽 벽을 찍어요. 곰팡이를 피해 옆으로 걸어 놓은 옷가지, 사장님 작업복도 걸려 있네요. 작고 낡은 냉장고. 그 위에 동그란 시계. 방바닥에 깔린 전기장판, 때에 전 이불. 쯧쯧. 꽤 더럽군요. 세탁기가 있으면 좋겠는데…….

"사장님, 세탁기 있으면 좋아요."

"너희 나라에 원래 세탁기 없잖아."

문 옆 구석에 놓인 밥통과 휴대용 가스레인지, 부탄가스 통 몇 개, 냄비 하나, 대접 몇 개, 쌀 봉지와 라면, 양파 두 개.

이렇게 곧 70만 원짜리가 될 우리 기숙사 방을 소개하는 동영상을 만들었어요. 썸낭과 나는 손바닥을 짝 마주쳤어요. 완성!

아침에 사장님을 만나면 골치 아플까 봐 우리는 일찍 고용 센터로 출발했어요. 고용 센터 사람에게 말했어요.

"우리 농장에서 나쁜 일이 너무 많아요."

우리는 일한 시간을 적은 달력과 월급 받은 액수가 찍힌 은행 통장을 가져갔어요. 기숙사 동영상도 보여 줬어요.

보는 둥 마는 둥 하는 고용 센터 사람. 아무 표정 없이 사장님에게 전화해서 월급을 얼마나 줬는지 물어요. 사장님은 줄 거 다 줬다고 하는가 봐요. 고용 센터 사람은 우리 말을 믿지 않았어요.

"사장님이 다 줬다는데?"

"아니요, 8시간만 줬어요. 여기 보세요. 통장에 다 쓰여 있습니다."

"사장님이 잔업수당은 현금으로 줬다는데 안 받았어?"

"현금이요? 아니요. 안 받았어요."

"줬다는데 왜 자꾸 안 받았대? 계속 여기 있으면 출입국 관리 사무소에 신고한대. 빨리 가서 일해. 기숙사에 있어도 5일 이상 일 안 하면 이탈 신고 할 수 있는 거 알지? 이탈 신고 한 번 들어가면 취소하기 힘들어. 꼼짝없이 불법 되는 거야."

"우리 말을 들어 보세요. 사장님이 어제 때렸습니다."

"사장님이 빨리 오래. 가서 이야기 잘해 봐."

고용 센터 사람은 우리를 대충 달래서 농장으로 돌려보내려고 했어요. 사장님 거짓말에 속아 넘어가 아무 문제도 없다고 생각하는 것 같았어요. 고용 센터에서 문제를 해결하려고 한 우리가 바보였어요.

우리는 이주 노동자 상담소를 찾아갔어요. 상담소 선생님은 내 얼굴에 있는 멍 자국을 먼저 봤어요.

"허, 아팠겠어요! 어제 맞아서 이렇게 된 건가요?"

"예······."

"이런 참······. 병원에 가서 진단서 뗍시다. 녹음한 것은 아주 잘한 일이에요. 사장이 잔업수당을 안 주고 이렇게 때리기까지 했다는 사실을 증명하는 좋은 자료가 될 거예요. 노동부에 갈 때 진단서랑 녹음 파일을 가져갑시다."

상담소에서 인터넷으로 노동부에 진정서를 제출했어요.

병원에 가서 진단서를 받고 우리는 터덜터덜 농장으로 돌아왔어요. 그런데 그곳에서 어처구니없는 장면을 보게 됐어요. 사장님과 사모님이 방에 있던 우리 물건과 옷을 죄다 밖으로 집어 던지고 있었어요. 아이고 세상에! 바람에 데굴데굴 굴러가는 저것은 엄마에게 보내려던 선물…….

"나가, 나가 버려! 필요 없어! 네까짓 게 뭔데 우리를 신고해?"

사장님과 사모님이 악착스럽게 쏟아붓는 욕은 차마 내 입으로 전하고 싶지 않아요. 너무 참담해서 정신이 멍해졌어요. '사람이 돈 때문에 저런 모습이 될 수도 있구나.' 하고 슬픈 생각이 들었어요. 어서 이 지옥에서 탈출하고 싶다는 마음이 간절했어요.

썸냥은 침착하게 휴대 전화를 꺼내더니 카메라에 그 모습을 담았어요. 사장님이 찍지 말라고 소리 지르며 휴대 전화를 향해 물건을 던졌지만, 썸냥은 이리저리 피해 가며 잘도 찍었어요. 좀 멋진데? 내 친구, 다시 봐야겠는걸! 나도 덩달아 침착해졌죠.

우리는 아무 말 없이 흙 묻은 옷을 털어 가방에 넣고

어둠이 내리는 길을 걸어 나왔어요. 뒤통수에 꽂히는 삿대질과 욕설은 보지도 듣지도 않으려고 애썼어요. 밤이라 그런지 택시를 불러도 안 왔어요.

"아 참, 언뜨리에게 인사도 못 하고 그냥 왔네."

한동안 말없이 걷던 썸낭이 나직하게 말했어요.

"잡아먹히지 말고 오래오래 잘 살아라, 언뜨리."

노동부에서 만난 사장님은 잔업수당을 현금으로 다 줬다고 또 거짓말을 했어요. 썸낭 눈에 작은 불이 켜졌어요. 그러나 역시 침착한 썸낭.

"사장님, 거짓말 안 좋아요."

썸낭이 꺼내 든 휴대 전화에서 사장님 목소리가 흘러나왔어요. 나를 때리던 소리도요. 사장님은 흠칫 놀랐어요.

"잔업수당 다 주고, 우리 다른 농장 갈 수 있게 사인해 주세요. 이탈 신고도 취소해 주세요. 아니면 경찰서에 폭행으로 신고할 거예요. 저는 진단서도 있어요. 이런 기숙사 70만 원 받는 거 안 됩니다. 여기서 사람 살 수 없어요!"

나는 천천히 또박또박 힘주어 말했어요. 마음속으로 수백 번 연습한 말인데도 떨려서 잘 안 나왔어요. 그런 나를 썸낭이 입꼬리를 쓱 올리며 바라봤어요. 칭찬하는 거죠. 그 날 밤 우리는 기숙사 동영상을 유튜브에 올렸어요.

 우리는 고용 센터가 다른 농장을 소개해 줄 때까지 두 달이나 기다렸어요. 이번에는 운이 좋았어요. 법을 잘 지키는 사장님을 만났거든요. 노동시간과 월급은 '법'대로 하자고 약속했어요. 근로 계약서에 그 내용을 다 썼어요.

 이제 우리는 사장님 가족과 같이 살아요. 남는 방을 내주는 거니까 방세는 안 받는대요. 할머니는 우리를 '캄보디아 손주들'이라고 부르면서 예뻐하세요. 일머리 좋고 손이 야무지다며 매일 칭찬하시죠. 밥 먹으러 들어가면 배추 겉절이를 맛있게 무쳤다고 막 입에 넣어 주고 그러신다니까요. 하지만 밥상에 캄보디아 젓갈 쁘로혹을 꺼내 놓으면 냄새난다고 저리 치우래요. 우리도 쁘로혹을 포기할 마음이 없으니 밥은 따로 먹어야 할까 봐요. 어쩌지요, 할머니?

" '이주 노동자'는 무슨 뜻인가요? "

노동을 위해 국경을 넘어 이주한 사람들을 '이주 노동자'라고 부릅니다. '외국인 노동자'라는 용어를 흔히 쓰는데, 이 안에는 노동자를 '내국인'과 '외국인'으로 나눠 차별하는 의미가 담겨 있어요. 그 때문에 인권 단체들은 이 용어를 사용하지 말자고 제안합니다.

> **" 이주 노동자는 어떤 과정을 통해
> 우리나라에 오나요?"**

우리나라는 부족한 노동력을 채우기 위해 다른 나라에서 노동자를 초대하고 있습니다. 우리나라 정부가 노동자를 보내는 나라 정부와 계약을 맺고 한국어 시험을 통해 노동자를 선발하지요.

또 정부는 내국인 노동자를 구하려고 했지만 실패해서 이주 노동자를 고용할 수 있도록 허락받은 국내 기업이 이주 노동자와 계약하도록 연결해 줍니다.

제조업, 건설업, 농축산업, 어업 분야의 기업과 계약한 이주 노동자가 매해 5만 명 정도 우리나라에 새로 들어옵니다. 이 제도를 '고용허가제'라고 부르고, 이 제도를 통해 들어와 일하는 노동자를 '고용허가제 노동자'라고 불러요.

소반과 썸낭도 고용허가제를 통해 우리나라에 와서 농축산업 분야에서 일하고 있는 이주 노동자이지요.

> **" 소반과 썸낭은 왜 힘든 상황을
> 계속 참아야 했을까요?"**

노동자는 직장에서 문제가 생기면, 당연히 고용주(회사 대표 혹은 관리자)와 협상해서 합리적으로 문제를 해결할 수 있어야 합니다. 아니면 그 일을 그만두고 다른 일을 찾을 수 있어야 하고요. 이것은 너무도 당연한 노동자의 권리인데, 우리나라는 고용허가제 노동자에게서 이 권리를 빼앗았습니다.

고용허가제 노동자는 일을 그만둘 때 '고용주의 허락'을 받아야 체류 비자를 유지하며 다른 회사를 찾을 수 있습니다. 노동자가 회사를 그만두겠다고 하면, 상당히 많은 고용주가 '우리 회사를 그만두겠다니 정말 괘씸하군. 다른 회사에 못 가게 해야겠어.'라는 나쁜 마음을 먹고 '무단이탈 신고'를 해서 노동자의 비자가 취소되도록 만들어요. 비자를 잃고 미등록 체류자가 되는 것이 두려운 노동자는 어쩔 수 없이 '강제 노동'을 하게 됩니다. 강제 노동을 거부한 노동자는 억울하게 비자를 빼앗기고 말지요.

막무가내로 갑질하는 고용주도 문제지만, 그보다 더 큰 문제는 고용주들이 이렇게 할 수 있도록 허용하는 제도입니다. 기업의 이익을 위해 노동자의 인권을 짓밟아도 된다고 여기는 제도는 어서 고쳐야 해요.

이주 노동자가 인권을 보장받지 못하는 사회에서는 모든 노동자가 인권을 보장받지 못합니다. 내국인 노동자가 일하지 않는 나쁜 일자리라서 이주 노동자를 대신 고용하는 정책은 옳지 않아요. 나쁜 일자리를 개선하고 누구나 일하고 싶은 일자리로 만들어야 해요. 그래야 내국인 노동자든 이주 노동자든 사람대접을 받으며 일할 수 있어요. "다음에!" 하며 미루지 말고 지금부터 차근차근 바꿔야 해요. 그래야 여러분도 나중에 노동자가 되었을 때 좋은 일자리를 만날 수 있습니다.

"고용허가제 노동자는 아무런 권리도 없나요?"

고용허가제 노동자는 근로기준법, 산업재해보상보험법, 최저임금법, 국민건강보험법 등으로 보호받을 권리가 있습니다. 물론 이런 권리가 처음부터 당연하게 주어진 것은 아니에요. 그동안 많은 이주 노동자와 인권 단체가 힘을 합쳐 요구해서 하나하나씩 얻은 권리랍니다.

그러나 법으로 정해진 것이라 해도, 많은 회사가 법을 지키지 않아 실제로는 권리를 누리지 못하는 이주 노동자가 많아요. 이주 노동자도 내국인과 똑같이 법의 보호와 복지 혜택을 받을 수 있어야 해요.

뚜벅뚜벅 걸어와 우리 곁에 서 주세요

테이 이야기

우리는 테이를 위해 기도를 올렸어요. 착하게 살았던 테이가 극락에 가면 얼마나 좋을까요.

아들이 죽음의 문턱을 넘고 있다는 소식을 듣고, 멀리 미얀마에서 테이 아버지가 오셨어요. 의사는 아버지에게 테이가 다시 살아나지 못할 거라고 했어요. 아버지는 조용히 눈을 감고 슬픈 가슴을 쓸어내렸어요. 테이가 태어나던 날 느꼈던 기쁨, 아버지를 보고 좋아서 강아지처럼 달려오던 어릴 적 모습, 한국으로 일하러 간다고 인사하던 의젓

한 모습, 하나도 힘들지 않다고 전화로 들려주던 밝은 목소리…… 많은 기억이 아버지 가슴속을 스쳐 갔어요.

한참 만에 무겁게 고개를 든 아버지는 흐르는 눈물을 닦고 테이의 건강한 장기를 필요한 사람들에게 나누라고 했어요. 넷이나 되는 사람들에게 테이는 눈과 신장, 간을 기증했어요. 그 사람들은 이제 밝은 눈으로 세상을 보고 피와 몸이 맑아져 다시 건강해졌겠지요.

테이 아버지와 우리 친구들은 그분들이 건강하게 오래오래 살기를 바라고 있어요. 우리 불교인들은 좋은 일을 하면 죽어서 좋은 곳으로 간다고 믿어요. 그러니 테이가 좋은 곳으로 갈 수 있도록, 부디 모두 건강하세요!

하지만 한편으로는 슬픔과 분노를 누를 길이 없어요. 테이는 건강하고 힘찬 사람이었어요. 적어도 그날 점심시간 전까지는요.

테이와 나는 아파트 건설 현장에서 일하며 같이 생활했어요. 저녁마다 우리는 가족과 미래에 대해 이야기했죠.

"우리 이번 공사 마치면 고향에 가자. 너 저축 목표액

거의 채웠지? 나는 고향에 가서 돼지 농장 하고 싶어."

"돼지 농장을 하려면 시작할 때부터 어떻게 판매할지 계획을 세워야 해. 우리 아버지가 물고기 양식을 하고 계시잖아. 키우는 일도 중요하지만 잘 파는 일이 엄청 중요해. 내가 생각해 둔 것이 있으니까 나중에 도와줄게."

"그래. 꼭 도와줘야 해. 테이 너는 뭐 하고 싶어?"

"여자 친구랑 결혼해서 유치원을 열고 싶어. 여자 친구가 유아교육을 공부하고 있거든. 나는 유치원 차를 운영하고 싶어. 한국 유치원을 보니 차로 아이들을 안전하게 데려오고 데려다주더라고. 우리도 그러면 좋을 것 같아."

테이와 나는 고용허가제 노동자로 한국에 왔어요. 한국어 시험에서 좋은 성적을 받았을 때 우리는 기뻐서 팔짝팔짝 뛰었어요. 성적이 좋으면 한국에 빨리 올 수 있었으니까요. 나는 건설업으로 오고, 테이는 제조업으로 취업했어요.

그런데 테이는 정말 운이 없었어요. 테이가 계약한 회사는 환경이 나빠도 너무 나빴어요. 독한 화학약품을 사용하는 일이다 보니 위험했거든요. 약품 냄새 때문에 테이는 머리가 아프다고 했어요. 같이 일하던 친구들은 그 냄새를

견디지 못하고 모두 그만뒀어요. 친구들은 테이에게 화학 약품이 몸에 해로우니 빨리 그만두라고 충고했어요.

"내가 약속한 거니까 어쩔 수 없어."

테이는 일하기로 약속한 4년 10개월을 다 채웠어요. 계약 기간이 끝났을 때 그 일을 그만둘 수 있게 된 것은 좋았

지만, 동시에 비자가 끝난다는 것이 문제였어요.

"비자가 끝날 텐데 어쩌지? 비자 없이 일하기 힘들 텐데……. 붙잡힐지도 몰라……."

우리는 궁리 끝에 일 년만 더 일하기로 했어요. 테이는 내가 일하는 건설 쪽으로 왔어요. 일터에서 본 테이는 더 명랑하고 성실했어요. 일이 서툴러 다른 사람에게 피해를 줄까 봐 이를 악물고 해냈어요.

테이의 여자 친구는 항상 테이를 걱정했어요. 힘내라

고, 너무 위험한 일은 하지 말라고 자주 문자메시지와 사진을 보냈어요. 테이는 그 사진을 보고 또 봤어요. 조금만 더 참자! 매일매일 자신에게 주문을 걸며 밝게 지냈어요.

테이에게는 뒷바라지해야 할 가족이 있었어요. 형이 태어날 때부터 아팠거든요. 어머니와 아버지는 힘들게 형과 테이를 키우셨어요. 테이가 속한 친민족은 큰아들이 가족을 책임지는 문화가 있어요. 하지만 형이 아프니 테이가 큰아들 역할을 해야 했어요. 늘 어깨가 무거웠지요.

"돈을 더 벌어야 해. 조금만 더 고생하자."

테이는 이 말을 자주 했어요. 테이가 벌어서 보낸 돈으로 테이 아버지는 물고기 양식을 시작하셨어요.

"양식장이 자리 잡으면 돈벌이가 좀 되겠지."

테이는 늙어 가는 부모님과 형이 편안하게 살 수 있도록 조그마한 집을 하나 짓고 싶어 했어요.

우리가 일하는 공사 현장에는 한국인이 스무 명가량, 외국인이 육십 명가량 일했어요. 외국인은 대부분 비자가 없었고요. 한국인이든 외국인이든, 비자가 있든 없든 현장에서는 함께 어울리며 힘을 합쳐 일했어요.

지난여름은 말도 못 하게 더웠어요. 훅훅 달려드는 열기를 이겨 내느라 몸에서 땀이 줄줄 흘러내렸어요. 점심시간이 되기도 전에 다들 지쳐 늘어지곤 했어요.

그날도 그렇게 더웠어요. 배도 무척 고팠죠.

'시간아, 빨리 가라. 덥고 배고파서 돌아가시겠다.'

드디어 오전 작업이 끝나고 점심시간! 식당으로 달려간 우리는 에어컨 앞에 선 채 땀을 식히면서 반찬을 휙 훑었어요.

"우아, 오늘은 닭고기네. 맛있겠다!"

식판에 음식을 수북하게 담은 우리는 탁자에 마주 앉아서 숨도 안 쉬고 밥을 입안으로 몰아넣었어요. 옆자리 또 그 옆자리 사람들도 더위와 허기에 지쳐 밥을 먹기 바빴어요.

몇 숟가락 먹었을까요? 갑자기 "꽈앙!" 하는 소리가 들리더니 일순간 모든 움직임과 소리가 멈췄어요. 우리는 숟가락을 입에 문 채 눈이 왕방울만큼 커져서 소리가 난 입구 쪽을 돌아봤어요. 출입국 관리 사무소 옷을 입은 사람들이 식당 문을 잠그면서 이쪽을 바라보고 서 있었어요.

곧이어 들리는 욕설과 고함!
"야, 인마! 모두 앉아 있어! 앉아! 거기 앉아!"
눈앞이 깜깜해졌어요. 머리가 상황을 알아차리기도 전에 쾅쾅 울려대는 심장이 온몸을 흔들어 댔어요.

'도망가야 해, 도망가야 해.'

순식간에 식당 안은 아수라장이 됐어요. 사람들은 숟가락을 던지고 벌떡 일어나 달아날 곳을 찾았어요. 출입국 단속반 사람들은 욕하고 소리치면서 무조건 붙잡아 수갑을 채웠어요. 비자가 있는 사람들은 "비자 있어요! 비자 있어요!" 하고 말했지만, 수갑을 피할 수는 없었어요. 강제로 수갑을 채웠다가 신분증을 확인한 뒤에야 풀어 줬어요.

나는 재빨리 창고에 숨었어요. 테이는 다른 사람이 창문으로 달아나는 모습을 보고, 식탁을 밟고 올라가 창문 쪽으로 갔어요. 창문으로 나가려는 테이 다리를 한 단속반 사람이 붙잡았어요. 테이는 죽을힘으로 그 사람을 뿌리치고 건너뛰었어요. 하지만 다시 옆으로 옮겨 가려다 그만 지하로 떨어지고 말았어요. 바닥에 머리를 부딪친 테이는 몸을 움직일 수 없었어요.

위에서는 계속 고함치고 철컥철컥 수갑 채우는 소리가 들려왔어요. 출입국 단속반 사람들은 테이가 떨어진 것을 알면서도 다른 사람들을 붙잡는 데 정신이 팔려 누구도 테이를 구조하러 오지 않았어요.

'여기가 바로 지옥이네요, 아버지….'

테이는 까무룩 정신을 놓았어요.

테이가 구조된 것은 한 시간가량 지난 뒤였어요. 이미 너무 늦었어요. 다시 정신을 차리지 못한 테이는 그대로 세상을 떠났어요. 창고에 같이 숨었어야 했는데……. 그 생각만 하면 가슴이 찢어질 것처럼 아파요.

한국인들은 외국 사람인 테이가 아픈 이들에게 빛과 건강을 선물한 일을 칭찬하고 고마워했어요. 하지만 테이가 왜 죽게 되었는지에 대해서는 말하지 않았어요.

나는 그렇게 입을 꼭 다물어 버리는 한국 사람들을 이해할 수 없었어요. '이 슬픈 죽음을 그냥 덮을 수는 없어.'라고 생각한 나는 친구들과 함께 용기를 내서 외쳤어요.

"테이가 억울하게 죽었어요!"

목소리가 너무 작아서 아무도 못 들으면 어쩌지, 우리 마음에는 걱정이 가득했어요. 그런데 놀라운 일이 벌어졌어요. 다양한 사람과 여러 단체가 우리 외침에 조용히 귀 기울이더니, 곧 한목소리로 함께 외쳤어요.

"비자가 없다는 이유로 누구도 쫓기고 죽어서는 안 됩니다. 죽음의 진상을 밝히고 책임자는 사과하세요. 다시는 이런 일이 일어나지 않도록 하겠다고 약속하세요. 미등록 노동자도 존엄한 사람입니다. 인권을 보호합시다!"

우리는 국가인권위원회에 대책을 요구했어요. 국가인권위원회는 사건을 조사해서 권고문을 발표했어요.

"모든 사람은 생명을 지킬 권리와 자유롭고 안전할 권리가 있습니다. 외국인도 마찬가지입니다. 어느 나라 출신인지, 체류 자격이 무엇인지 따지지 말고 국가는 모든 사람의 생명을 지키기 위해 노력해야 합니다. 법무부는 그 노력을 하지 않은 이 사건의 책임자를 벌하세요. 단속을 시작하기 전에 안전 계획을 잘 세우고, 사고 날 위험이 있으면 바로 멈춰야 합니다. 만약 사고가 난다면 무엇보다 사람을 먼저 구해야 합니다. 법무부는 이런 방향으로 법과 규칙을 잘 고치고 공무원에게 인권 교육을 하세요."

맞아요, 테이가 죽은 것은 국가가 잘못했기 때문이라는 말입니다!

처음에 우리 목소리는 아주 힘없고 작았어요. 하지만 그 작은 소리에 귀 기울이고 뚜벅뚜벅 다가와 곁에 서는 이들과 손잡으니, 조금씩 힘이 생기고 있어요. 따뜻하고 힘찬 발걸음으로 뚜벅뚜벅! 어서 오세요, 친구들!

> **"미등록 이주민은 그렇게 큰 잘못을 저지른 건가요?"**

미등록 이주민은 무서운 죄를 지은 사람들이 아닙니다. 허가받은 체류 기간이 지났으니 다시 허가를 받으면 등록 이주민이 됩니다. 허가 조건이 너무 까다로워서 허가받지 못하는 경우가 많이 생기는 것이므로 까다로운 조건을 풀어 줘야 해요.

우리나라 정부는 미등록 이주민을 '불법체류 외국인'이라고 부르며 아주 큰 죄를 지은 것처럼 강조합니다. 하지만 조심해야 해요. 누군가를 이렇게 부르기만 해도 그 사람의 인권을 침해하는 것이니까요.

국가인권위원회는 이 용어를 써서는 안 된다고 의견을 밝혔어요. 이 용어에는 미등록 이주민에 대한 편견과 혐오를 불러일으키는 무시무시한 힘이 있어요. 미등록 이주민은 법률과 제도로 보호할 필요가 없는 사람이라고 오해하게 만들기도 해요. 그러니 이 용어를 사용하지 말아야 하겠지요.

한국 사람이든 외국 사람이든, 비자가 있든 없든, 누구든 법률과 제도를 통해 인권을 보장받아야 합니다.

"신고와 단속은 좋은 방법이 아니에요"

요즘 미등록 이주민이 내국인의 일자리를 빼앗는다며 신고하라는 광고를 자주 보게 돼요. 고용주들은 내국인 노동자를 구하지 못해 미등록 이주민을 고용하기도 하고, 월급을 적게 주려는 얄팍한 마음으로 미등록 이주민을 고용하기도 합니다.

이 문제를 근본적으로 해결하려면, 일터 환경을 개선하고 임금을 높이고 복지 혜택을 늘려 그 일을 선택하지 않았던 한국인들이 일하러 오도록 만들어야 해요.

그리고 미등록 이주민이라는 이유로 더 낮은 임금을 줄 수 없도록 차별을 철저히 없애야 합니다. 미등록 이주민에게 등록할 기회를 줘서 체류 자격을 되찾도록 하는 것도 중요한 해결책이에요. 근본적으로 문제를 해결하지 않은 채 서로 감시하고 신고하는 사회 분위기를 만드는 것은 큰 잘못입니다.

"단속 과정에서 벌어지는 폭력, 놔둘 수 없어요"

비자가 없는 이주민을 단속하는 과정에서 많은 사람이 죽거나 다칩니다. 이런 일이 발생하지 않도록 단속 자체를 중단해야 해요. 만약 어쩔 수 없이 단속하는 경우라도, 그 과정에서 법과 절차를 지켜야 하고 인권을 보호하기 위해 노력해야 합니다. 욕설과 폭력을 행사해서도 안 되고, 달아나다 추락하거나 다칠 수 있는 환경에서 단속을 시도해서

도 안 되죠. 누군가 부상을 당했다면 빠르게 구조해서 더 큰 피해를 막아야 해요. 어떤 상황이라도 국가는 구성원의 생명을 보호하고 안전을 책임지는 의무를 다해야 합니다.

> "한국 사람도 다른 나라에서 미등록 이주민으로 살고 있나요?"

많은 한국인이 다른 나라에서 비자 없이 지내고 있습니다. 이 한국인들도 큰 죄를 지은 것이 아니에요. 다만 허가받은 체류 기간을 넘긴 것이니, 다시 등록해서 체류 자격을 회복할 기회를 가질 수 있어야 하지요. 우리나라 정부는 다른 나라 정부에 미등록 이주민으로 사는 한국인의 체류 자격을 회복시킬 것을 요청하고 인권을 보호하도록 협의해야 합니다.

또 우리나라에 사는 미등록 이주민의 인권도 잘 보장하도록 노력해야 해요. 그것이 바로 국제 사회의 일원으로 지켜야 하는 '인권 약속'입니다.

융년사개워리요
찬드라 이야기

융년사개워리요.

내가 카메라 앞에서 하는 말을 듣고 마을 사람들이 따라 하며 물어봤어요. 한국말이야? 무슨 뜻이야? 나는 대답하지 않았어요.

마을 사람들은 내가 한국에서 어떻게 지내다 왔는지 이미 다 알고 있어요. 몇 년이나 실종됐다 돌아온 찬드라가 정신병원에 있었대! 그런 소문은 어찌나 빨리 퍼지는지요. 저 멀리 산 열 개 너머 있는 마을에서도 다 알고 있을 정도예요. 나는 그저 사람들이 어서 잊기를 바라며 입을 다물었어요.

내가 한국에 처음 다녀온 때는 1991년이었어요. 그다음 해에 다시 한국에 갔다가 그 일이 벌어진 거죠. 두 번째 갔을 때는 이왕 한국까지 왔으니 돈을 좀 벌어야겠다고 생각했어요.

그때 꽤 많은 네팔 사람이 한국에서 일하고 있었기 때문에 일자리를 소개받는 일은 어렵지 않았어요. 나는 고향 동생과 함께 서울 동대문에 있는 한 회사에 들어갔어요.

회사가 쉬는 늦가을 일요일, 밀린 빨래를 해 널고 바람을 쐬러 바깥에 나갔어요. 밝고 따뜻한 날이었어요.

'여기는 나뭇잎이 다 떨어졌네. 우리 집 마당에는 아직도 금잔화가 그득하게 피어 있을 거야. 어머니는 새벽이슬을 맞아 생글생글 예쁜 금잔화를 따서 신께 기도드리시겠지. 이번 달 월급 받으면 집에 돈을 좀 보내야겠구나……'

이 생각 저 생각 하며 동네를 돌고 시장도 구경했어요. 한참 걸었더니 배가 고파졌어요. 집에 가서 밥하기 귀찮으니 라면이나 먹을까? 그길로 분식집에 들어가서 라면을 먹었어요. 네팔 라면처럼 배추를 썰어 넣으면 더 맛있을 텐데…….

젓가락을 내려놓고 돈을 내려는데 앗, 주머니에 있던 돈이 없어졌어요! 만 원짜리 지폐 한 장이 분명히 있었는데! 나는 무척 당황했어요. 이리저리 주머니를 뒤져 보고 신발까지 벗어서 탈탈 털어 봤지만, 돈은 나오지 않았어요.

"사장님, 미안해요. 내가 돈을 잃어버렸나 봐요. 집에 가서 가져다드릴게요."

최선을 다해 설명했지만, 주인아주머니는 내 말을 알아듣지 못했어요.

"뭐라고요? 돈을 내라고요, 돈을!"

주인아주머니는 화를 내며 다그쳤어요. 나는 그때 한국말을 거의 하지 못했어요. 일하는 데 필요한 말 몇 마디만 할 줄 알았죠. 주인은 나를 말을 못 하는 사람으로 생각했던 것 같아요. 외국인이라고는 상상도 못 했겠지요.

주인은 잠시 망설이더니 경찰서에 전화했어요. 나는 차라리 잘됐다고 생각했어요.

'경찰이 오면 나를 도와줄 거야.'

주인 말을 들은 경찰은 나를 무작정 차에 태워 경찰서로 데려갔어요. 경찰들도 나를 말할 줄 모르는 한국인이라고 생각했나 봐요. 내가 네팔말로 설명하면 할수록 그 확신은 깊어졌어요.

"아줌마, 이름이 뭐예요? 뭐? 뭐라고요? 집은 어디냐고, 아줌마아!"

"내 이름은 찬드라 쿠마리 구룽입니다. 네팔 사람이고요. 나는 이 근처에 살아요. 저쪽에 있는 회사에서 일하고 있어요."

"예? 예? 도대체 뭐라는 거야? 왜 이렇게 횡설수설하는 거지?"

그때 나는 신분을 증명할 어떤 서류도 가지고 있지 않았어요. 여권은 회사에서 빼앗아 간 지 오래였어요. 나는 내가 누구인지 설명할 수 없었어요. 내 말은 누구도 들어주지 않았어요.

경찰은 나를 다시 차에 태우더니 병원에 데려갔어요. 정신병원이었죠. 거기서도 의사와 간호사에게 열심히 말했

지만 아무 소용없었어요. 그들에게 나는 그저 못 알아들을 말을 떠들어 대는 환자였어요.

더구나 의사는 나더러 '정신박약'이라고 했어요. 정신 건강에 문제가 있다는 말이죠.

나는 강제로 입원했어요. 너무 무서웠어요. 도망가고 싶었어요. 하지만 내 양팔을 세게 잡고 있던 무서운 사람들이 나를 병실로 밀어 넣었어요.

'어머니! 어머니! 저를 도와주세요!'

나는 일주일에 여섯 번 의사와 상담했어요. 하루 세 번씩 스무 개도 넘는 약을 먹어야 했어요. 아프지 않다고, 약을 안 먹겠다고 버티면 간호사들이 막 야단쳤어요. 괜찮다가도 약을 먹으면 어지럽고 아무 생각이 안 났어요. 약을 안 먹으려고 숨겼다가 들켜서 혼나기도 했어요. 간호사들은 곁에 지켜 서서 자기들이 보는 데서 약을 먹으라고 했어요.

이름을 물어볼 때마다 "찬드라 쿠마리 구룽"이라고 대답했지만, 간호사들은 내 이름을 부르지 못했어요. 발음하기가 어려웠던가 봐요. 이름을 부르는 대신 내 팔을 잡아끌어 의사에게 데려가곤 했어요. 그리고 며칠이 지나자 나를 "선미야."라고 부르기 시작했어요.

내 이름 찬드라는 어느새 사라져 버렸어요. '선미야'든 뭐든 상관없었어요. 어차피 내 이름이 아니니까요. 나는 제발 네팔로 보내 달라고 애원했어요. 의사와 간호사를 붙들고 울기도 했어요. 죽고 싶은 마음이었죠.

8개월이 흘렀어요. 의사는 나더러 조금 나아졌으니 퇴원하라고 했어요. 병원 사람들은 나를 데려갈 가족이 없다며 시립 부녀자 보호소로 보냈어요. 그곳도 병원처럼 자유가 없었어요. 나는 거기서도 말했어요.

"나는 네팔 사람입니다. 나를 네팔로 보내 주세요."

시립 부녀자 보호소는 자꾸만 네팔로 보내 달라고 조르는 나를 도저히 데리고 있지 못하겠다고 했어요. 더 치료 받고 오라며 일주일 만에 나를 다시 또 다른 정신병원으로 보냈어요.

또 몇 년이 스르륵 지났어요. 내가 계속 네팔 사람이라고 하니까 이 병원에서는 좀 이상하다고 생각했던가 봐요. 한 파키스탄 사람을 데려와서 나를 만나게 해 줬어요. 파키스탄에서 사용하는 우르두어는 네팔말과 비슷해서 서로 말이 조금 통했죠. 그 사람은 나에게 이름을 물어봤어요.

"머 네팔리 호. 메로 남 찬드라 쿠마리 구룽 호(나는 네팔 사람입니다. 내 이름은 찬드라 쿠마리 구룽입니다)."

그 사람은 내 말을 알아듣고 내 이름과 여권 번호를 종이에 적어서 병원 사람에게 전해 줬어요. "이 사람 네팔 사람인데요."라고 말하면서요. 나는 정말 기뻤어요. 이제 병원에서 나갈 수 있겠구나! 이제 지긋지긋한 약을 안 먹어도 되겠구나!

하지만 그걸 들고 출입국 관리 사무소에 확인하러 다녀

온 병원 사람은 내 기록을 찾을 수 없다고 했어요. 뭐가 잘못된 것일까요.

잠깐 희망을 품었던 나는 다시 깊은 슬픔에 빠졌어요. 이제 고향으로 돌아가는 것을 포기해야 하는 걸까요. 영영 못 돌아가는 걸까요.

'어머니, 아버지. 저를 도와주세요……. 부처님, 저를 여기서 구해 주세요. 시바 신님, 럭치미 여신님, 제발 도와주세요…….'

나는 매일 울면서 잠들었어요.

또 몇 년이 흘렀어요. 나는 한국말을 배웠고 병원 작업장에서 일도 했어요. 고향에 대한 기억은 점점 희미해졌어요. 그리운 어머니도 아버지도 고향 집도 이젠 꿈에서조차 볼 수 없었어요. 나도 모르게 네팔로 돌아갈 수 있다는 희망을 놓아 버렸나 봐요.

그러던 어느 날, 정말 기적 같은 일이 벌어졌어요! 어떤 사람이 병원으로 나를 찾아온 거예요. 외모가 한국인과는 달랐어요. 혹시 네팔 사람일까?

"안녕하세요."

그 사람은 한국말로 인사했어요. 아, 네팔 사람이 아니구나……. 반짝 희망에 부풀었던 내 마음은 한순간에 새까매졌어요.

'아니야, 아니야. 희망을 품지 마. 저 사람은 네팔 사람이 아니야.'

그 사람은 물끄러미 나를 바라보더니, 갑자기 네팔말로 말하기 시작했어요.

"혹시 찬드라 누님 아니세요? 이름이 찬드라 쿠마리 구룽 아닙니까?"

아, 내 이름 찬드라 쿠마리 구룽! 그 사람 입에서 네팔말이 나오다니 믿을 수 없었어요. 가슴속에 묻어 두었던 소용돌이가 솟구쳐 일어나서 숨이 멎을 것 같았어요. 정신이 아득했어요.

신기하게 그 순간 내 입에서도 네팔말이 저절로 흘러나왔어요.

"그래요! 내가 찬드라 쿠마리 구룽입니다. 나는 네팔 사람이에요!"

그 사람은 빙긋 웃었어요. 그리고 내 손을 꼭 잡으며 말했어요. 자기도 네팔 사람이라고, 한국에 사는 네팔 사람들이 지난 6년 동안 나를 찾으며 기다렸다고요.

갑자기 눈이 열리고 귀가 열렸어요. 맑고 시원한 바람이 가슴속으로 들어왔어요. 이렇게 좋은 네팔말을 다시 듣는구나! 이제 네팔로 돌아갈 수 있겠구나!

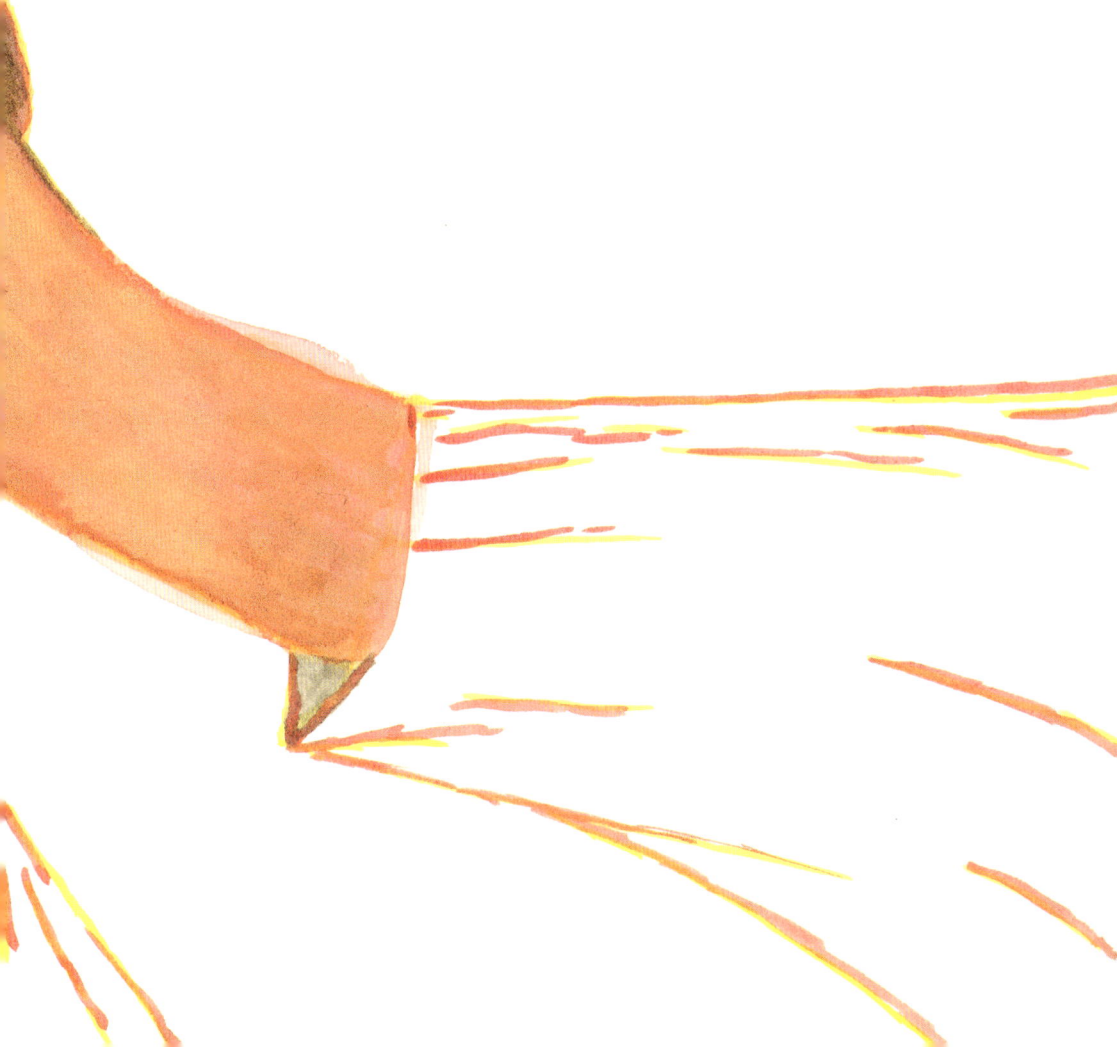

처음 만났지만 마치 혈육처럼 반가운 그 동생을 따라 당장 나가고 싶었어요. 동생이 가 버리면 또 감옥 같은 병원에 혼자 갇히게 될 테니까요. 하지만 병원에서는 진짜 가족이 와서 퇴원 절차를 밟아야 한다고 했어요. 가둘 때는 그렇게 쉽게 가두더니 이제야 가족을 데려오라니요!

나는 조바심이 났어요. 동생은 걱정하지 말라고 했어요. 고향 집 주소를 알려 주면 내 어머니와 아버지에게 연락하겠다고 했어요.

"김체 간드룩 까스끼 네팔."

나는 마음속 깊이 새겨 두었던 고향 집 주소를 또박또박 불러 줬어요.

하루에도 몇 번씩 동생에게 전화했어요. 네팔말을 하고 싶어서 참을 수가 없었거든요. 나는 네팔어로 말하고 또 말했어요. 동생은 내 아버지와 통화했다고 했어요. 아버지가 나를 데리러 오실 거라고!

아버지, 어머니······. 나는 고향 집과 가족이 사무치게 그리웠어요. 그 긴 시간을 어떻게 견뎠는지 모를 만큼 하루하루 기다리기가 너무도 힘들었어요. 피가 마르는 것 같았죠.

그렇게 여러 날이 지나고 드디어 아버지가 오셨어요. 그새 많이 늙으신 아버지. 아버지는 나를 보고도 울지 않으셨어요. 아버지는 곁에 있는 네팔 사람들에게도 단단히 일렀어요.

"아무도 울지 마라. 내 딸 찾았으니 됐다. 신께 감사드리자. 아무도 울지 마라."

아버지는 내 손을 놓칠세라 꼭 붙드셨어요. 나를 보시는 눈에는 슬픔과 노여움, 기쁨과 안타까움이 모두 담겨 있었어요. 나를 그저 바라볼 뿐 입을 꼭 다물고 아무 말도 하지 않으셨어요. 아버지는 병원에서 내놓은 서류에 서둘러 서명하고 나를 병원에서 데리고 나왔어요.

나는 병원 문을 나서면서 뒤도 돌아보지 않았어요. 뒤를 돌아보면 다시 잡아갈까 봐 고개를 까딱도 하지 않고 앞만 봤어요.

우리는 바로 네팔로 돌아오지 않고 얼마간 한국에서 지냈어요. 우리가 머문 곳은 인권 단체 사무실이었어요. 사무실 한쪽에 아버지와 함께 지낼 방이 있었어요. 탐스러운 라일락 나무가 있던 그 집이 지금도 기억나요.

아버지와 나는
라일락 나무 밑에 앉아
따듯한 차를 마셨어요. 바람이
살랑 불면 연보랏빛 작은 꽃이 떨어져 우리
머리와 찻잔에 내려앉았어요. 행복했어요. 늙은 대추나무
에서 돋아나는 연한 새순을 쓰다듬으면서도 나는 행복했
어요. 다 말라 죽었던 가슴속에서 새순이 돋아나는 느낌이
었어요.

　나는 인권 단체에서 소개해 준 변호사님의 도움을 받아
'대한민국'에 손해배상을 청구하려고 준비했어요.

　경찰은 한국말을 못 한다고 해서 무조건 정신 질환이
있는 한국인 환자로 단정하고 나를 정신병원에 보내 버렸

지요. 내 친척들과 인권 단체가 실종 신고를 하고, 나를 찾는 포스터를 곳곳에 붙였는데도 전혀 주의를 기울이지 않는 잘못을 저질렀어요.

출입국 관리 사무소는 내 이름과 여권 번호를 가지고 조회를 요청했을 때 제대로 확인하지도 않은 채 모른다고 했지요. 나중에 조사해 보니, 회사에서 빼앗아 갔던 내 여권을 출입국에 제출하고 실종 신고한 기록도 나왔어요.

또 나를 처음 입원시킨 병원도 잘못한 일이 많았어요. 경찰이 나를 데려갔을 때 내가 계속 네팔 사람이라고 말하는 것을 정신 질환 때문이라고 오진하고, 거부하는 약을 억

지로 먹인 것 모두 잘못이었죠.

하지만 내가 병원에서 나오고 이 일이 다 밝혀진 뒤에도 경찰, 출입국 관리 사무소, 병원 그 어디에서도 미안하다고 사과하지 않았어요. 인권 단체 사람들과 변호사님은 그들의 모든 잘못이 뒤섞여 내가 그렇게 오랫동안 갇혀 지낸 거라고 설명했어요. 이미 지나간 일을 되돌릴 수는 없지만 '대한민국'은 잘못에 대한 책임을 져야 한다고요. 손해 배상 소송을 해서 이기면 억울함과 분노도 조금은 풀릴 거라고 했어요. 나도 동의하고 소송을 준비했어요.

내가 '정신 질환'이 아니라는 사실을 증명하려면 정신과 병원에서 감정을 받아야 했어요. 그 과정도 결코 쉽지 않았어요. 여러 병원에 요청했지만 전부 거절당하고, 한 병원에서만 나를 받아 줬어요. 내 이야기가 방송에도 여러 번 나와서 많은 사람이 내 사정을 알고 있었어요. 길을 걸어가거나 전철을 타면 사람들이 나를 알아보고 "힘내요!"라고 말해 줄 정도였거든요. 정신과 의사들은 그렇게 부담스러운 감정은 할 수 없다고 한사코 거절했어요. 물론 '정신 질환'은커녕 아무 문제도 없다는 결과가 나왔어요.

소송을 준비하면서 지금까지 겪은 일을 모두 말해야 했어요. 다시는 떠올리고 싶지도 않은 그 일들을요. 그 일을 다시 생각하고 말할 때마다 손이 후들후들 떨렸어요. 나도 모르게 눈물이 나고 숨이 막혔어요. 멀쩡히 차를 마시다가도 치밀어 오르는 분노로 몸을 떨면서 말했어요.

"병원 사람들이 나를 '선미야, 선미야.' 하고 불렀어. 내가 '아냐, 나는 찬드라예요.' 하는데도 나를 '선미야.'라고 불렀어. 나한테 강제로 약을 먹였어."

고향 집으로 돌아와서도 나는 병원으로 끌려가는 꿈을 자주 꿨어요. 내가 몸부림치면 어머니가 손을 꼭 잡아 주셨어요.

"괜찮다. 이제 괜찮다. 내 딸……."

나도 울고 어머니도 우셨어요. 병원에서 나오기만 하면 다 끝날 줄 알았는데 고통은 오래도록 사라지지 않았어요.

몇 년이 지나서 안나푸르나 산골 마을로 영화를 찍는 한국 사람들이 찾아왔어요. 내 이야기를 영화로 만들고 싶대요. '인권 영화'로 만들어서 한국인들에게 이게 얼마나 잘못된 일인지 알려야 한다고 했어요.

하지만 나는 망설였어요. 잊고 싶은 이야기인데, 내 인생에서 지우고 싶은 일인데, 이제 막 악몽에서 벗어났는데……. 나는 깊은 한숨을 내쉬며 거절했어요. 내 대답을 듣고 천천히 고개를 끄덕이던 한국 사람이 말했어요. 힘들겠지만 용기를 내면 좋겠다고. 하지만 내가 정말 싫다면 안 해도 괜찮다고 했어요. 그 온화한 목소리에 마음이 흔들렸어요.

'그래, 내가 지금 말하지 않으면 누가 또 나 같은 일을 겪을지 알 수 없잖아…….'

힘들고 부끄러웠지만 영화에 참여하기로 했어요.

조용했던 우리 마을은 단박에 시끌시끌해졌어요. 마을 사람들이 너도나도 궁금해서 우리 집으로 모여들었어요. 우리 집 넓은 마당이 북적였어요. 커다란 카메라와 긴 장대 끝에 매달린 털 뭉치 마이크가 마당을 오갔어요. 처음 보는 소란한 풍경이 재미있었던지 검둥개와 병아리들까지 나와서 종종 바쁘게 돌아다녔어요.

우리는 한바탕 잔치를 벌였어요. 염소를 잡아 음식도

준비했어요. 음악 소리가 들려오자 구룽족 옷을 예쁘게 차려입은 동네 사람들이 웃으며 춤을 췄어요. 카메라는 그 장면을 찍었어요.

그리고 나는 카메라 앞에서 말했어요.

"한국 정신병원에요, 다 합쳐서 얼마나 계셨던 거예요?"

"융년사개워리요."

융년사개워리요. 마을 사람들은 신기하게도 그 말을 기억하고 따라 했어요. 내게 물었죠. 무슨 뜻이냐고. 하지만 나는 가르쳐 주지 않았어요. 다시는 그 끔찍한 '6년 4개월'로 돌아가고 싶지 않았어요.

오랜 시간이 걸려 소송도 끝났어요. 법원은 '대한민국'이 잘못했으니, 나 '찬드라 쿠마리 구룽'에게 위자료를 지급하라고 판결했어요. 당연한 결과였지만 그 소식에 눈물이 왈칵 났어요. 그래요. 이 모든 일은 내 잘못이 아닌 거예요! 그렇지요?

지금은 어머니도 아버지도 돌아가시고 나는 딸들을 입양해서 키우고 있어요. 아주 사랑스러운 아이들이죠. 딸들은 내가 무슨 일을 겪었는지 아직 몰라요. 언젠가는 딸들에게도 조곤조곤 이야기해 줄 수 있는 날이 오겠지요.

가끔 나는 딸들에게 장난처럼 물어봐요.

"내 이름이 뭐더라?"

"찬드라 쿠마리 구룽 씨 아닙니까?"

그래요. 내 이름은 찬드라 쿠마리 구룽입니다!

함께 생각해 봐요!

> "한국에 온 이주민에게 한국어는 곧 인권"

찬드라 씨 사건은 정말 마음 아픈 사건입니다. 하지만 아무 준비도 하지 않는다면 언제든 또 일어날 수 있는 사건이기도 하지요. 이런 문제를 막는 가장 좋은 방법은 이주민이 한국어를 배울 수 있도록 돕는 것입니다.

다행히도 요즘은 정부와 시민 단체가 운영하는 한국어 교실이 많이 늘어났습니다. 그러나 주중에는 일하고 주말에만 공부할 시간이 나는 이주 노동자들을 위해 주말에도 문을 여는 한국어 교실은 많지 않아요. 이주민들의 생활 형편을 고려해서 더욱 다양한 교육의 기회를 마련해야 해요. 한국에 사는 이주민에게 한국어는 곧 인권입니다.

"소수 언어 사용자를 위해 정보 제공과 통역에 신경 써야 해요"

이주민과 함께 살려면 서로 의사소통을 어떻게 할지 미리 생각하고 준비해야 합니다. 한국어에 서툰 이주민도 편리하게 생활할 수 있도록 다양한 언어 사용자를 존중하는 환경을 만들어야 해요. 한국어를 잘하지 못해도 길 찾기, 병원 이용, 관공서 이용, 은행 거래 등을 불편 없이 할 수 있도록 다양한 언어로 정보를 제공해야 합니다. 또 전문적으로 통역 서비스를 제공하는 '통역 센터'를 필요한 만큼 만들어야 합니다.

"낯선 언어가 시끄러운가요?"

전철을 타면 알아들을 수 없는 말로 이야기하는 사람들을 자주 볼 수 있어요. 그 모습에 시끄럽다고 짜증을 내는 사람도 가끔 있습니다. 외국어로 이야기하는 것을 들으면 낯선 발음과 억양 때문에 좀 더 시끄럽게 느껴질 수도 있어요. 그렇다면 내가 말하는 소리도 상대방에게는 그렇게 들리겠지요? 예의에 어긋난 소음이 아니라면, 서로 참으며 너그럽게 받아들이는 것이 어떨까요.

우리는 모두
무나 머던입니다
미누 이야기

　미누 삼촌을 사랑하는 사람들이 많아요. 나도 그중 한 사람이죠.

　삼촌은 스무 살부터 18년 동안 한국에서 살았어요. 어릴 때는 몰랐는데 내가 스무 살이 되고 보니, '삼촌이 정말 어린 나이에 외국에 일하러 왔구나.' 하는 생각이 들어요. 삼촌은 한국에서 지내는 동안 식당과 봉제 공장에서 일하고, 노래를 부르고, 방송을 만들고, 이주 노동자 영화제를 열었어요. 그리고 그런 일을 했다는 이유로 잡혀서 네팔로 쫓겨 갔어요. 삼촌은 네팔 사람이거든요.

혹시 '네팔'이라는 나라 이름을 들어 본 적이 있나요? 네팔은 팔이 네 개라서 네팔이 아녜요. 이미 다 안다고요? 그래요, 네팔은 '니파라야' 즉 '산 아래 있는 나라'라는 뜻이래요. 네팔에는 아주 높은 산이 많아요. '에베레스트'나 '안나푸르나'라는 산 이름을 들어 보았지요? 모두 네팔의 히말라야산맥에 자리 잡은, 높고 아름다운 산입니다.

미누 삼촌은 일자리를 찾아 한국에 왔어요. 산이 많아 척박하고 가난한 나라 네팔은 그곳에서 나고 자란 젊은이들에게 충분한 일자리를 내줄 만큼 산업이 발달하지 못했어요. 그래서 많은 네팔 젊은이가 일자리를 찾아 다른 나라로 떠나죠.

미누 삼촌이 한국에 온 것은 1992년, 한국에 외국인이 그다지 많지 않을 때였어요. 나도 태어나기 한참 전이었고요. 삼촌이 처음 취직한 곳은 식당이었대요.

미누 삼촌의 진짜 이름은 미노드 목탄이에요. '미누'라는 이름은 함께 일하던 한국인 아주머니가 지어 줬대요. 외국인과 처음 같이 일하게 된 한국 사람들은 다섯 글자나 되는 삼촌 이름을 무척 낯설어했어요.

"미노드 목탄! 미노드 목탄, 미노드 목탄……. 너무 어렵다! 한국 이름 하나 지어 줄까? 우리 한국 이름에 거시기 비슷한 게 있는데…… 그래, 민우! 받침 빼고 '미누' 어때? 미노드 목탄이랑 비슷하고 우리도 부르기 좋고! 그래, 그래. 미누로 하자, 미누!"

그렇게 수다쟁이 아주머니가 얼렁뚱땅 지어 준 이름으로 삼촌은 26년을 살았어요.

2018년 가을에 열린 DMZ 영화제에서 미누 삼촌 이야기를 담은 다큐멘터리 영화 〈안녕, 미누〉가 상영됐어요. 영화가 시작될 때 미누 삼촌은 〈목포의 눈물〉을 부르며 등장해요. "사고옹의 뱃노오오오래 가물거어리이면"으로 시작되는 옛날 노래예요. 나도 잘 모르지만, 서러움 많은 한국인의 정서를 담고 있다고 어른들이 무척 좋아한대요. 그 노래를 무심한 듯 서늘하게 부르는 미누 삼촌의 모습에 관객들은 궁금해하기 시작했어요.

"저 사람, 누구지?"

미누 삼촌은 가수였어요. 텔레비전에는 안 나왔지만, 꽤 근사한 가수였지요. 삼촌은 식당과 공장에서 일할 때마다 켜 두는 라디오로 흘러나오던 한국 노래를 흥얼흥얼 따라 불렀대요.

"그래서 한국어도 빨리 배운 거야. 너도 영어 잘하고 싶으면 영어 노래를 따라 불러."

삼촌은 으스대며 말하곤 했어요. 노래를 몇 곡 익힌 뒤에는 동료 아주머니들과 같이 식당에 있는 노래방 기계를 켜 놓고 쉬는 시간마다 노래를 불렀대요. 그것도 성에 안 차서 나중에는 친구들이랑 밴드를 만들어 주말마다 모여 노래를 불렀어요. 주말에도 일해야 하는 식당은 그래서 그만뒀대요. 같이 노래하던 아주머니들이 들으면 배신자라 할 소리죠.

봉제 공장에 들어간 미누 삼촌은 본격적으로 노래를 시작했어요. 먹고살아야 하니 주중에는 재봉틀을 돌리고, 주말에는 노래하는 삶을 선택한 거죠. 무대는 당연히 네팔 사람들이 모이는 자리였어요.

삼촌은 추석이나 설날 행사, 네팔 명절 행사에 가장 먼

저 초대받았어요. 그러다가 민주화실천가족운동협의회가 주최한 시민 가요제에서 대상을 받고, 한 방송사가 주최한 외국인 노래자랑에서도 대상을 받으며 점점 유명해졌어요.

내가 미누 삼촌을 처음 만난 때가 그즈음이었어요. 아빠랑 삼촌은 매우 친한 친구 사이예요. 아빠 품에 안겨 공연에 갔던 나를 보고 삼촌은 "어? 우리 선이가 이 삼촌을 똑 닮았네?" 하며 좋아했대요. 어릴 때 생김새가 동글동글했던 나는 삼촌과 꽤 닮았었다고 해요. 그때부터 삼촌은 나를 붕어빵이라고 부르며 무척 사랑했어요.

미누 삼촌은 처음에는 그냥 '노래 잘하는 사람'이었어요. 그런데 점점 '이주 노동자'라는 자기 입장을 깊이 이해하고 자랑스럽게 생각하는 '노래하는 이주 노동자'가 됐어요. 미누 삼촌은 이주 노동자들이 처한 상황과 서글픈 마음을 한국 사람들에게 알려야겠다고 마음먹었어요. 물론 노래로요.

거기엔 아주 특별한 계기가 있었죠. 그것은 2003년에서 2004년으로 이어지는, 길고 추웠던 겨울에 일어난 일이에요. 삼촌은 "그때가 내 인생의 전환점이었어." 하며 이야기를 시작했어요.

"그때 한국에 고용허가제가 생기면서, 새로운 노동자를 받아들일 테니 우리 오래된 노동자들은 다 나가라고 했어. 나도 나가야 하는 사람이었지. 어느 날, 공장에 켜 놓은 라디오에서 '불법체류자를 모두 신고해 주시기 바랍니다.'라는 방송이 나왔어. 어? 불법체류자? 나한테 하는 말인가? 정말 깜짝 놀랐지. 그때 나도 비자가 없었거든. 하지만 나는 한국 사람들이랑 정말 잘 지냈고, 또 열심히 일했으니까 한국에 도움이 되는 사람이라고 생각했어. 1997년에 IMF(외환 위기)가 왔을 때 다른 직원들은 다 나가고 나 혼자만 남아서 사장님이랑 라면 먹으면서 회사를 살렸으니까! 나는 내가 한국 사람이랑 다르지 않다고 생각했어. 라디오에서 그런 나를 신고하라고 말하는 거야. 갑자기 무서워졌어. 아, 나는 인정받지 못하는 존재구나. 어느 날 갑자기 이렇게 쓰레기처럼 버려져도 아무 말도 하지 못하는 존재구나. 정말 너무너무 비참했어."

그래서 미누 삼촌은 비자를 받지 못하는 사람들이 항의하기 위해 모인 농성장에 찾아갔대요.

"거기서 나처럼 갑자기 쫓겨나게 된 사람들이 스스로 목숨을 끊었다는 소식을 매일 들었어. 아, 사람들이 절망에 빠져서 저렇게 죽어 가는구나……. 너무나 슬픈 일이 벌어지고 있었던 거야."

미누 삼촌은 '강제 추방 반대 농성장'에 모인 사람들과 함께 싸우기 시작했어요. 여러 나라에서 온 사람들이 모였으니 말도 잘 안 통하고, 스스로 하고 싶은 이야기를 다 할 수 없었어요. 삼촌은 사람들의 마음을 묶기 위해 쉬운 노래를 만들어 같이 불렀어요. 절망을 이기지 못해 죽어 간 사람들을 추모하는 노래를 만들어서 발표했고요.

그런 활동을 좀 더 열심히 하고 싶었던 미누 삼촌은 소모두 삼촌, 소띠하 삼촌과 함께 이주 노동자 밴드 '스탑크랙다운(단속 중단)'을 만들었어요. 삼촌은 농성장에 놀러 간 나를 무릎에 앉히고 내 엉덩이에 토닥토닥 장단을 맞춰 가며 노래를 만들었어요.

"둥둥당당 둥둥당당~ 한국에서 일하는 노도옹자~ 아니, 아니다. 한국을 만드는 노도옹자아아~ 이게 더 낫지? 그치?"

농성이 끝난 뒤로도 스탑크랙다운 밴드는 월급을 못 받은 노동자의 슬픔을 담은 노래를 만들어 불렀어요. 공장에서 일하다 손이 잘린 노동자에 대한 노래도 불렀어요. 이런 노래는 한국 사람들에게 이주 노동자의 인권을 잠시라도 생각해 보게 했어요. '맞아, 이주 노동자도 똑같은 사람이니까 차별하면 안 되는 거지.' 하는 생각 말이죠.

  스탑크랙다운의 노래 중에 〈월급날〉이라는 곡이 있어요. 한국인 동료들은 다 받은 월급을 이주 노동자인 자기만 몇 달째 못 받고 있다는 이야기를 담은 노래예요.

오늘은 나의 월급날
가슴이 두근두근합니다
한참 동안 받지 못했던
월급을 돌려준대요
나의 소중한 가족들 사랑하는 부모님
이제는 나의 손으로 행복하게 해 줄게요
오 사장님 안녕하세요
오 사모님 내 월급을 주세요
나의 꿈과 희망이 담긴
조그맣고 소중한 내 월급
얼마 전 하얀 봉투 들고 퇴근했던 동료들
내 어깨를 두드리며 걱정 말라고 말하지
자정 시간이 넘어야 나의 일이 끝나네

봉투 없는 내 월급 오늘도 보이지 않네
(나에겐 좋은 날이 올는지······.)
오 사장님 이러지 마세요
그동안 밀린 내 월급을 주세요
날 욕한 건 참을 수 있어요
내 월급만은 돌려주세요

이 노래 하나만으로도 이주 노동자들이 어떻게 일하고 있는지, 어떤 대접을 받는지 짐작이 가지요? "자정 시간이 넘어야 나의 일이 끝나네."라는 가사에서는 아침부터 저녁까지 온종일 일하고도 밤 열두 시가 넘도록 일해야 하는 고통이 느껴지네요. 지쳐 쓰러질 것 같은데도 계속 일해야 하다니 얼마나 지겹고 힘들까요!

　나는 이 노래를 만든 소모두 삼촌에게 물어봤어요.

　"'얼마 전 하얀 봉투 들고 퇴근했던 동료들, 봉투 없는 내 월급 오늘도 보이지 않네.' 이 부분이 좀 이상해요. 월급은 은행 통장으로 받는 거 아녜요? '봉투 없는 내 월급'이라는 표현에 무슨 특별한 의미가 있는 거예요?"

　소모두 삼촌은 싱긋 웃으며 대답했어요. 예전에 삼촌이 직접 겪은 일을 담은 표현이라고요. 사장이 한국인 동료들에게는 월급을 하얀 봉투에 담아 정중하게 주면서 삼촌에게는 지갑에서 돈을 꺼내 던지듯이 주더래요. "좀 부족하네. 나머지는 나중에 줄게!" 하면서요. 아마 외국인이라 무시했던 것 같다고 말이죠. 삼촌은 노동에 대한 존중 그리고 노동자에 대한 존중이 필요하다고 말했어요. '봉투 없는 내 월급'이라는 짧은 표현에 그렇게 많은 이야기가 담겨 있었어요.

말하기 좀 그렇지만, 미누 삼촌은 좀 난감한 무대 매너를 선보이곤 했어요. 아, 진짜……. 공연할 때마다 빨간 목장갑을 끼고 무대에 올라갔다니까요! 궂은일을 할 때 사용하는, 손바닥 부분이 빨간 목장갑 알죠? 삼촌은 그 장갑이 노동자의 상징이라고 말했어요.

"일하는 손이 얼마나 아름다운 손인지, 얼마나 칭찬받아 마땅한 손인지 알아야 하는 거야." 하면서 툴툴거리며 말리는 내 머리를 장갑 낀 손으로 마구 흩트리곤 했어요. 그래도 그렇지. 나는 삼촌이 공연할 때만큼은 좀 멋지게 차려입기를 바랐거든요. 그런데 빨간 목장갑이라니, 정말 못 말린다니까요!

노래하는 것만으로는 부족했나 봐요. 미누 삼촌은 곧

동료들과 함께 '이주 노동자의 방송'을 만들었어요. 우리가 흔히 아는 KBS, MBC, tvN 같은 방송 말고도 작은 방송이 많아요. 요즘은 유튜브로도 다양한 방송을 볼 수 있잖아요. 미누 삼촌과 친구들이 만든 방송은 '이주 노동자 방송'이었어요. 삼촌은 "우리가 어떻게 살고 있는지, 무엇을 원하는지 누구도 대신 말해 주지 않으니, 우리 목소리는 우리가 내야지!"라고 말했어요.

네팔 사람, 미얀마 사람, 방글라데시 사람, 한국 사람이 서로 가르쳐 주고 배워 가며 방송 일을 시작했어요. 처음 만져 보는 방송 카메라나 녹음 시설을 어떻게 사용하는지 익히고 편집을 배우는 일은 힘들었지만 그럴수록 용기를 냈대요.

방송국에서 만든 첫 다국어 뉴스 〈이주 노동자 세상〉이 방송으로 나가던 날, 미누 삼촌은 감동에 겨워 떨리는 목소리로 말했어요.

"방송 봤지? 봤지? 삼촌 멋있게 나왔지! 우리가 해냈어! 이렇게 우리가 직접 하면 되는 거야! 야, 신난다."

나를 안고 빙글빙글 춤추며 좋아하던 미누 삼촌이 지금

도 생각나요. 삼촌은 거기서 그치지 않고 계속 재미난 일을 벌였어요. 매해 이주 노동자 영화제를 열었고, 이주민 미디어 교실도 열었어요. 모두 이주민이 스스로 말할 수 있도록 힘을 키우는 활동이었어요.

미누 삼촌이 정성 들인 일이 또 있어요. 학교에 찾아가서 어린이들을 만난 거죠. 내가 초등학생 때 우리 교실에도 왔어요. 나와 친구들에게 히말라야와 쿠마리 여신에 대해서 알려 줬어요. 네팔 민요 〈레썸피리리〉도 같이 불렀고요. 한국 사람들이 〈아리랑〉을 사랑하듯, 네팔 사람들은 〈레썸피리리〉를 사랑한다고 했어요.

노래까지 불렀으니 끝내려나 했지만 아니었어요. 꼭 하고 싶은 이야기가 있다면서 자기가 외국인이기 때문에 차별당한 이야기도 들려줬어요. 아우, 그런 이야기는 창피하다고 하지 말라니까 미누 삼촌은 "흐흥." 하고 웃었어요. 하나도 안 부끄럽대요. 차별받은 사람이 아니라 다른 사람을 무시하고 차별한 사람이 부끄러워해야 하는 거라고요. 정말 강적이죠?

좀 안정되는가 싶던 미누 삼촌의 인생에 갑자기 큰 위기가 찾아왔어요. 어느 날 갑자기 출입국 관리 사무소에서 삼촌을 잡아가 버렸어요! 이유요? 아, 이유요! 그게 글쎄…… 비자도 없는 주제에 너무 중요한 일을 했다는 거였어요. 믿거나 말거나.

그 소식에 놀라서 눈이 튀어나올 것 같았어요. 한국을 위해 그토록 많은 일을 했는데, 비자가 없다고 해서 무조건 잡아가다니! 정말 그래도 되는 건가요? 사람들은 미누 삼촌을 네팔로 보내서는 안 된다고 호소하며 싸웠어요.

"제발 우리 친구 미누를 돌려보내지 마세요. 미누는 죄지은 일이 없어요!"

신문과 방송은 앞다투어 그 소식을 전했고, 더 많은 사람이 미누 삼촌 편에 서 줬어요. 하지만 아무 소용없었어요. 미누 삼촌은 며칠 뒤 강제로 네팔행 비행기에 타야 했어요.

"한국에서 일하고 노래하면서 18년이나 살았어요. 한국 사람들에게 물어보고 싶어요. 내가 정말 한국에서 살 가치가 없는 사람인가요? 나는 한국에서 희망조차 품어서는 안 되는 사람인가요?"

 오랜 시간 정 들여 살던 곳에서 갑자기 쫓겨난다면 어떤 기분이 들까요. 삼촌의 마음을 다 알기는 어려웠지만, 나도 마음이 아팠어요. 18년 만에 만나는 아버지와 누님들, 태어나 처음 만나는 조카들에게 줄 선물도 없이 빈손으로 돌아가다니! 너무 속상해서 가족에게 안 찾아가면 어쩌지? 나중에 삼촌이 말했어요. 그냥 네팔 땅에 뚝 떨어졌다고, 마음이 너덜너덜했다고, 그대로 땅속으로 꺼지고 싶었다고요.

 "선물? 카트만두에서 좀 사. 그냥 갈 수는 없었지."

 미누 삼촌은 뭐 그런 게 궁금했냐고 히죽 웃으며 장난스럽게 대답했어요.

 삼촌은 버림받았다는 충격이 무엇보다 견디기 힘들었다고 했어요. 마음을 추스르기 너무 힘들어서 아무도 만나고 싶지 않았다고요. 그러면서 곰곰이 생각했대요.

 나는 왜 18년간이나 땀 흘려 일하고 마음을 다해 사랑한 한국에서 버림받았을까. 내가 쏟은 정성이 그깟 종잇조각에 찍힌 비자 도장보다 못한 것일까? 도대체 무엇이 잘못된 것일까. 왜 사람들은 자기 나라에서 가족과 더불어 살지 못하고 다른 나라로 떠나 힘겹게 돈을 벌어야 하는 걸까. 왜 자기 국민을 다른 나라에 노동자로 보내는 나라는 항상 아무 말도 하지 못하고, 일할 사람이 부족해서 다른 나라 사람을 노동자로 받아들이는 나라는 이토록 우리를 무시하는 것일까.

마음속으로 묻고 답하며 미누 삼촌은 슬픔을 다독였어요. 그리고 네팔에서 한국어 교실을 열었죠. 한국으로 일하러 가려는 네팔 사람들이 한국어를 배우러 왔어요.

"한국에서는 한국어를 할 줄 알아야 사람대접을 받을 수 있어요. 한국어를 모르면 자기 자신을 지킬 수도 없어요. 미리 준비합시다."

학생들을 격려하며 미누 삼촌도 힘을 얻었어요. 삼촌은 학생들 얼굴을 보면, 한국인에게 무시당하고 월급을 못 받았던 사람들, 일하다 다치고도 치료조차 받지 못했던 사람들의 얼굴이 겹쳐 떠오른다고 했어요.

미누 삼촌은 학생들에게 「무나 머던」 이야기를 자주 들려줬어요. 「무나 머던」은 '락스미 프라사드 데브코타'라는 옛 시인이 지은 서사시라고 해요. 너무도 아름답고 슬픈 이야기라 네팔 사람이라면 누구나 알고 있대요.

자, 「무나 머던」 이야기를 들려줄게요.

무나와 머던은 카트만두에 사는 어여쁜 부부였어요. 남편 머던은 가난한 삶에서 벗어나고 싶어 티베트 라싸로 장사하러 가겠다고 나섰어요. 아내 무나는 멀고 험한 길을 가려는 머던을 붙들고 말립니다. 쐐기풀을 먹고 살더라도 우리 영혼이 함께 평화롭다면 그것이 진정한 행복이라고 설득했어요. 하지만 머던은 결심을 바꾸지 않았어요. 머던은 늙고 병든 어머니를 따뜻하고 안락한 집에 모시며 좋은 음식을 드리고 싶었어요. 아름다운 무나의 손에 예쁜 팔찌를 끼워 주고 싶었어요.

머던이 떠나고 무나는 깊은 슬픔에 잠겨 하루하루를 눈물로 보냈어요. 그 사이 머던은 라싸에 도착해서 바쁘게 지내느라 시간 가는 줄 모릅니다. 반년쯤 흐른 어느 날, 머던은 문득 어머니와 눈물 젖은 아내 얼굴을 떠올렸어요. 집을 떠난 지 너무 오래됐다는 생각에 머던은 갑자기 마음이 급

해졌어요. 머던은 벌어 놓은 금과 사향을 가지고 친구들과 함께 집으로 향하지요.

하지만 머던은 그 길에서 전염병에 걸리고 맙니다. 친구들은 머던이 살아나지 못하리라고 생각하죠. 약도 없는데 자기들에게 병이 옮으면 어쩌나 두려워하며 머던을 버리고 떠납니다. 머던은 야속한 친구들이 떠난 뒤 펄펄 끓는 열과 고통을 못 이겨 소리를 지르며 도움을 청했어요.

신이 도우셨는지 한 티베트 사람이 그 소리를 듣고 달려와 머던을 구해 줬어요. 그는 머던을 자기 집에 데려가 약초와 영양이 풍부한 야크 젖을 먹이며 극진히 돌봐 병을 낫게 합니다. 다시 건강해진 머던은 고마운 마음에 금을 나누어 주지만 티베트 사람은 보상을 바라고 한 일이 아니라며 거절했어요. 머던은 그 사람의 고귀한 마음을 깨닫고 눈물로 감사를 표합니다.

한편 고향에 먼저 도착한 친구들은 아내 무나에게 머던이 병이 나서 죽었다고 알렸어요. 병이 깊어지던 어머니는 그 소식에 놀라 돌아가시고 무나도 슬픔을 이기지 못해 세상을 떠납니다. 한발 늦게 카트만두에 도착한 머던은 참혹

한 소식을 듣고 몸부림치며 후회했어요. 하지만 이미 세상을 떠난 어머니와 무나는 다시 돌아오지 않았죠. 머던은 쐐기풀을 먹으며 살더라도 같이 있어야 행복하다고 했던 무나의 말을 떠올리며, 애통한 마음으로 그 뒤를 따라갑니다.

미누 삼촌은 이것이 오랫동안 네팔이 겪어 온 일이라고 말했어요. 가족에게 좋은 음식과 더 나은 삶을 마련해 주고 싶다는 이유로 먼 나라에서 고생하는 수많은 네팔 사람을 보라고, 무나와 머던의 이야기는 지금도 계속되고 있다고 말이지요.

"우리는 모두 머던입니다. 우리 네팔 사람은 누구나 다른 나라로 일하러 가기를 원하죠. 그래서 여러분도 이렇게 한국어를 공부하고 있잖아요? 네, 열심히 공부해서 더 넓은 세상으로 나가 많은 것을 경험하고 돈도 버세요. 다만 여기 네팔에 사랑하는 가족이 기다리고 있다는 사실을 잊지 마세요. 돈도 중요하지만 우리에게는 더 중요한 가족이 있어요. 인생 계획을 잘 세우고 주어진 삶을 잘 이끌어 가세요. 나처럼, 또 머던처럼 너무 늦게 돌아오면 안 됩니다."

미누 삼촌은 자기 경험을 이야기하며 학생들에게 용기를 줬어요.

"식당을 그만두고 봉제 공장에 일하러 갔는데, 거긴 정말 다른 세상이었어요. 한국인들이 먼지 가득한 좁은 공장 안에서 아무 말도 없이 일하고 있는 거예요. 크게 켜 놓은 라디오 소리와 쉴 새 없이 돌아가는 재봉틀 소리가 뒤섞여서 정신이 하나도 없었어요. 서로 대화를 나누려면 소리를 질러야 할 정도였어요. 하지만 사람들은 아무 말도 하지 않고 눈짓과 손짓으로 일을 지시했어요. 사람들 머리와 눈썹에는 실밥 먼지가 하얗게 쌓여 있었지요. 사람인지 먼지 덩어리인지 구분할 수가 없었어요. 내가 저 틈에 끼어서 일할 수 있을까? 정말 걱정스러웠어요. 주춤주춤하다가 '그래, 해 보자! 저 사람들도 다 하는데 나라고 못 하겠어?'라고 생각했죠. 나는 봉제 공장 보조가 되었고 조금씩 기술을 배워 재단사가 되었어요. 나중에 아주 작은 내 공장을 운영하기도 했어요. 나도 했으니 여러분은 더 잘할 수 있어요. 여러분, 힘내세요!"

미누 삼촌에게 한국어를 배웠던 많은 사람이 지금 한국

에서 일하고 있어요. 삼촌에게 배운 대로 용기를 내면서 말이지요.

삼촌은 이웃들과 힘을 모아 재활용 가게 '수카워티'를 열기도 했어요. 네팔에는 없던 새로운 시도였어요.

"수카워티는 '축복의 땅'이라는 의미죠. 처음에는 우리 회원 집 차고를 빌려 물건을 정리했는데, 어떤 후원자가 가게를 시작하라고 일 년 치 가겟세를 내줬어요. 그 덕분에 힘을 내서 재활용 가게를 차린 겁니다. 우리는 '네팔인이 네팔인을 위해' 일하면 좋겠다고 생각해요. 외국인들이 와서 '네팔 아이들이 불쌍해. 네팔 사람들이 너무 가난해서 돕고 싶어.' 하는데 정작 우리 네팔인들은 아무것도 안 하잖아요."

수카워티는 네팔 사람에게서 안 쓰는 물건을 기증받아 가게에서 팔아요. 이 가게에는 주로 네팔 주부들이 회원으로 참여하고 있어요. 미누 삼촌은 훌륭한 능력이 있는데도 집에만 있는 주부들이 많다고 했어요.

"우리 회원들은 수카워티에서 일하면서 자부심이 생겼대요. 이제 아주 신바람이 났어요. 우리가 헌 옷을 모은다고 하니까 사람들이 그래요. '죽은 사람이 쓰던 물건인지도 모르는데 어떻게 내가 써?' 우리는 헌 옷을 사 입는 문화가 없어서 그래요. 안 쓰는 물건을 버리지 말고 깨끗하게 만들

어서 팔자고 하니까 조금씩 마음이 움직이고 있어요. 아주 조금씩이요. 하하. 이 활동은 한국에서 '아름다운가게'를 보고 배웠어요. 우리 회원 중 한 사람이 거기서 몇 년 일했거든요. 일하면서 네팔에 꼭 필요한 활동이니 네팔에 돌아오면 따라 해야겠다고 마음먹었대요. 우리가 힘을 합치니 이렇게 가게가 생겼어요."

가게를 방문한 한국 사람들에게 수카워티를 자랑하는 미누 삼촌은 아주 신이 나 보였어요.

"우리는 나라의 어려움 때문에 한국에 가서 일했어요. 문화도 다르고 음식도 다른 곳에서 열심히 일했어요. 그런데 일만 한 것이 아니라 마음도 받았잖아요. 그 마음으로 우리는 네팔을 위해서 일하고 있어요. 다른 사람이 입던 옷을 왜 입느냐고 하던 사람들이 이제 재활용 가게에서 옷을 사고, 작아진 옷을 가져와 기증합니다. 가난한 사람들은 5루피, 10루피에 좋은 옷을 살 수 있으니 무척 행복해하지요."

미누 삼촌은 도전을 멈추지 않았어요. 사회적기업(사회적 목적을 추구하는 기업)으로 커피 전문점을 열고 네팔 젊은이들에게 맛있는 커피를 만드는 방법을 가르쳤어요. 젊은이들이 다른 나라로 돈을 벌러 떠나는 대신 네팔에서 가족과 함께 지내며 네팔을 위해 일할 수 있다는 것을 직접 보여 주고 싶었대요.

미누 삼촌은 스무 살 때 돈을 벌고 싶다는 마음으로 한국에 왔어요. 하지만 한국에서 일하고 노래하면서, 비자가 없다고 강제로 내쫓기면서 가난한 사람과 가난한 나라에 대한 생각으로 마음이 넓어졌어요.

"네팔 젊은이들이 다른 나라로 일하러 가지 않고도 행복하게 살 수 있으면 좋겠어요. 「무나 머던」은 거의 100년 전 이야기인데, 우리는 지금도 여전히 다른 나라로 일하러 가잖아요. 우리 힘으로 가난에서 벗어납시다. 젊은이들이 다른 나라로 떠나지 않고도 잘 살 수 있도록 우리가 만들어야 해요."

미누 삼촌의 심장은 늘 이런 꿈으로 가득 차 있었어요. 그 꿈을 실천하고 널리 퍼지게 하려는 노력도 대단했지요. 그래서인지 삼촌이 하늘나라로 떠난 지금도 뜨거웠던 꿈과 노력은 그대로 남아 있어요. 내 마음에도 그리고 삼촌을 기억하는 많은 사람의 마음에도요.

미누 삼촌이 꿈꾸던 그런 날이 어서 왔으면 좋겠어요. 아니, 우리가 같이 만들었으면 좋겠어요.

> "안전한 국제 이주를 위해
> 모든 나라가 함께해야 해요"

국경을 넘어 이주하는 사람들이 날이 갈수록 늘어나고 있습니다. 국제 이주는 이주민을 보내는 나라와 받는 나라, 거쳐 가는 나라가 모두 관련을 맺고 있어요. 이주민이 자기 나라에서 이주를 결정하고 준비하는 과정, 이동하는 과정, 일을 잘 마치고 다시 자기 나라로 돌아가기까지 모든 과정에서 존중받고 보호받을 수 있도록 하려면 국제사회가 서로 협력해야 해요. 이런 협력은 말로만 하는 것이 아니라 국제법과 국제사회의 계약을 통해 구체적으로 이루어지고 있답니다.

1990년, 유엔총회는 '모든 이주 노동자와 그 가족의 권리에 관한 국제 협약'을 통과시키고 이주민 보호를 위해 노력하고 있습니다. 그러나 주로 이주민을 보내는 나라가 이 협약에 가입하고, 받는 나라는 외면하고 있어 아쉬움이 많아요. 우리나라도 아직 가입하지 않았어요.

그래서 유엔은 새로운 노력을 하고 있어요. 2018년, 유엔 회원국 중 164개 나라가 참여하여 '안전하고 질서 있고 정규적인 이주를 위한 전 지구적 계약'을 채택한 것입니다. 이 새로운 계약은 참여한 모든 나라가 협력해서 미등록 노동자를 포함한 모든 이주민을 보호하자는 내용을 담고 있어요. 각 나라가 자발적으로 협력하자고 약속한 것이므로 이주민 인권을 보호하는 데 큰 도움이 되리라고 기대합니다. 우리나라도 이 계약에 참여했으니 그 내용을 국내 정책에 반영하게 될 거예요.

"공존을 위한 특별한 노력"

저출산 고령화라는 이야기를 들어 본 적 있나요? 태어나는 아기가 줄어들고 나이 든 인구가 점점 늘어난다는 뜻입니다. 저출산 고령화가 진행되면 일하는 사람과 세금을 내는 사람이 적어져요. 지금 규모로 나라를 유지하기 어려워지지요.

우리나라에 이주민이 늘어나는 가장 큰 이유는 일할 사람을 구하려고 다른 나라에서 사람을 초대하기 때문이에요. 지금은 전체 인구의 약 4퍼센트가 이주민인데, 2050년경이면 약 35퍼센트로 늘어날 것이라고 예측하기도 합니다. 이주민 수가 늘어나면 우리 사회는 그에 맞는 준비를 해야 하죠.

이주민을 받아들이는 나라는 정치·경제·사회·문화적으로 다른 배경을 지닌 이주민과 함께 살기 위해 특별한 노력을 기울여야 해요. 무엇보다 모든 환경에서 이주민에 대한 차별을 없애고 평등하게 법의 적용을 받도록 해야 합니다.

이주민에게 언어와 문화를 배울 기회는 물론, 법률과 제도를 알리는 교육을 제공해야 하고요. 종교, 음식, 복식, 규범 등 이주민이 자기 문화를 지키며 행복하게 살 수 있도록 문화 다양성을 존중해야 합니다. 이주민이 자기 목소리를 낼 수 있도록 기회를 주고, 한국인과 서로 평등하게 교류하며 잘 어울리도록 힘을 쏟아야 해요.

"고향으로 돌아가는 이주민과도 아름다운 작별을"

이주민은 스스로 원할 때 자기 나라로 돌아갈 수 있어야 합니다. 돌아갈 때는 강제로 보내는 것이 아니라 자발적으로 갈 수 있도록 도와야 하지요. 오랫동안 외국에 살다 본국에 돌아가면 다시 외국인이 된 듯 모든 것이 낯설다고 해요. 그러므로 이주민이 본국에서 다시 적응할 수 있도록 미리 정보를 제공하고, 귀환 과정이 순조롭게 진행되도록 도와야 합니다.

이주민은 돈을 벌어 가족에게 송금하고 새로운 문화를 가져와 소개하므로 '이주민을 보내는 나라'에게 큰 축복입니다. 또 노동력을 제공하고 세금을 내며 문화를 전파하는 역할을 하니 '이주민을 받는 나라'에도 큰 축복이죠. 이처럼 이주민은 보내는 나라와 받는 나라를 연결하는 다리입니다. 이주민을 보내는 나라와 받는 나라는 이러한 이주민의 역할을 이해하고 존중하며, 이주민이 본국으로 돌아간 뒤에도 자리 잡을 수 있도록 협력해야 해요.

\ 이야기를 /
마치며

"인류의 가장 아름다운 약속"을 지켜요

인권을 지키기 위한 국제사회의 노력

유엔에서 채택한 '모든 형태의 인종차별 철폐에 관한 국제 협약'에 가입한 나라는 '유엔인종차별철폐위원회(위원회)'에 국가 보고서를 냅니다. 나라 안에서 벌어지는 인종차별을 막기 위해 어떤 제도와 정책을 실시하는지 정부 이름으로 보고하는 것이

지요. 위원회는 이 보고서를 심의해서 공식적으로 견해를 발표해요.

위원회의 공식 견해를 받은 각 나라는 고치라고 권고받은 사항을 개선하기 위해 노력하고, 그 내용을 다음 보고서에 담아 다시 제출합니다. 이러한 과정은 각 나라가 고르게 노력하여 지구상에서 인종차별을 완전히 없애기 위한 거예요. 우리나라도 이 절차에 참여하고 있지요.

2018년 12월, 대한민국 정부는 2011년부터 2016년 사이에 인종차별을 없애기 위해 어떤 일을 했는지 기록하여 제출한 국가 보고서에 대해 위원회의 심의를 받았습니다. 이 심의를 위해 정부뿐만 아니라 국가인권위원회도 따로 보고서를 냈고, 시민사회 단체들도 국가가 낸 보고서의 문제점을 지적해 반박하는 보고서를 냈어요.

위원회는 이 세 가지 보고서를 검토하고 우리나라 정부 대표에게 물었어요.

"요즘 한국에서 늘어나고 있는 외국인 혐오 발언에 대한 대책이 무엇인가요? 이런 혐오와 차별을 막으려는 '포괄적차별금지법' 제정을 위해 어떤 노력을 하고 있나요?"

 또 심사를 마무리하면서 대한민국 담당 보고관은 이렇게 말했어요.

 "한국이 가까운 장래에 국가적 위기에 놓일 수도 있다고 봅니다. 노동력을 제공하여 한국이 잘살게 되는 데 기여한 사람들이 공정한 몫을 못 받고 있어요. 번영을 누리는 사람들과 그렇지 못한 사람들 사이에는 경계가 있습니다. 명확히 인종, 피부색, 출신 국적, 출신 민족 그리고 사회적 계층에 따라 그어진 경계입니다. 한국 시민은 혜택을 받고, 한국 시민이 아닌 이주 노동자는 부를 창출하지만 혜택을 받지 못합니다. 열심히 일해서 한국에 기여한 이주 노동자의 계약 기간이 끝나면, 한국은 아무런 혜택도 주지 않고 그들을 가난한 출신국으로 돌려보냅니다."

위원회는 대한민국의 보고서에 대한 최종 견해를 발표했어요. 여기에는 아프고 부끄러운 내용이 많이 담겨 있습니다. 그중 인종차별과 혐오 발언, 이주 노동자의 권리, 미등록 이주민의 인권에 대한 부분만 소개할게요.

"인종차별을 다루는 법률이 필요해요"

위원회는 아직 한국에 어떤 행위가 인종차별인지 정의한 법이 없고, 인종차별 행위를 금지하고 처벌하는 법도 없다는 점을 걱정했습니다. 2012년 심의 때도 인종차별에 관한 법을 만들라고 권고했는데 아직도 만들지 못했다는 점을 지적하며 다시 한 번 '꼭 만들어야 한다.'고 권고했어요. 이 내용을 포함해서 포괄적차별금지법을 제정하는 것도 좋은 방법입니다.

"인종주의적 혐오 발언을 막아야 해요"

위원회는 한국에서 이주민과 난민에 대한 혐오가 늘어나는 것을 걱정했습니다. 특히 2018년 5월에 예멘 난민 5백여 명이 제주도에 도착하면서 벌어진 혐오 발언과 인종 혐오 선동, 한민족의 인종적 우월성을 주장하는 목소리, 인종적 편견을 전파하는 행위 등을 심각하게 본다고 말이에요.

위원회는 한국 정부가 인종과 출신 국적을 이유로 한 혐오에 단호하게 대처하고, 이주민과 난민(특히 무슬림 난민)에 대한 편견과 가짜 뉴스를 유포하는 행위를 막아야 한다고 말했어요. 난민도 권리를 가지고 있다는 점을 시민에게 잘 알려서, 난민과 주민이 서로 이해하고 배려할 수 있도록 노력해야 한다고 권고했죠. 또 한국 정부가 법률과 공식적인 문서에 '불법체류 이주민'과 같은 용어를 사용하고 있다는 점을 콕 집어 지적했어요. 정부가

이런 용어를 사용하면 이주민에 대한 부정적인 시각이 늘어나고 차별이 깊어질 것이니, 앞으로는 이런 용어를 사용하지 말라고 강도 높게 비판했답니다.

"이주 노동자가 차별받지 않도록 제도를 고쳐야 해요"

위원회는 특별히 이주 노동자가 차별받는 상황을 걱정했어요. 한국에서 이주 노동자는 일하던 회사를 그만두고 다른 회사로 옮기는 것이 무척 어렵다는 점, 한국에서 지내는 동안 가족과 함께 살 수 없다는 점, 비자 연장이 너무 까다로워 자칫하면 비자를 잃고 미등록 체류 상태에 놓일 위험이 크다는 점을 지적했어요.

"미등록 이주민을 보호해야 해요"

위원회는 미등록 이주민이 한국에서 출입국 직원이나 경찰에 의해 폭력적인 방법으로 단속당하다가 죽거나 다치는 일이 상당히 많이 일어나고 있다는 점을 걱정했어요. 또 미등록 이주민들이 범죄 피해를 당했는데도 경찰에 신고하면 잡혀갈까 두려워 도움을 요청하지 못하는 문제도 지적했습니다.

"모든 이주 노동자가 노동조합 활동을 자유롭게 할 수 있어야 해요"

위원회는 이주 노동자가 노동조합에 참여했다는 이유로 단속되고 추방당하는 상황에 대해서 우려했어요. 이주 노동자가 추방이 두려워 노동조합 활동을 포기하는 일이 없도록 권리를 보장해야 한다고 말이에요. 또 이주 노동자에 대한 폭력이 발생하지 않도록 신경 써야 한다고 언급하며, 경찰과 출입국 직원들에게 인권 교육을 강화하라고 권고했습니다.

위원회는 '모든 이주 노동자와 그 가족의 권리 보호에 관한 국제 협약'을 비롯해 아직 대한민국이 가입하지 않은 국제 협약에 가입하고, 앞으로 인권 보호 활동을 하는 시민사회 단체와 더 많이 대화하며 협력하라고 당부했습니다.

국제사회는 각 나라가 인권을 지키는 일을 게을리하지 않도록 '국제적인 인권 기준'을 정하고, 그 기준을 조금이라도 더 높이고자 노력합니다. 그리고 서로를 매서운 눈으로 감시하고 비판하며 기준을 지키게 하죠. 이러한 과정이 불편하고 힘들지만, 각 나라는 성실하게 참여해서 자기 나라의 인권 상황을 그 기준에 맞추려고 노력한답니다.

제2차 세계대전을 겪은 인류는 처참하게 짓밟힌 인간의 존엄성을 회복하고 인간이 인간답게 살 수 있는 세상을 만들고 싶었어요. 그러기 위해 '인류 역사상 가장 아름다운 약속'을 제안합니다. 그 약속은 바로 1948년에 발표된 '세계인권선언'이에요.

세계인권선언의 '제1조'는 다음과 같아요.

"모든 사람은 태어날 때부터 자유롭고, 존엄하며, 평등하다. 모든 사람은 이성과 양심을 가지고 있으므로 서로에게 형제애의 정신으로 대해야 한다."

세계인권선언을 뿌리로 해서 다양하고 구체적인 '국제 인권 협약'이 피어납니다. '모든 형태의 인종차별 철폐에 관한 국제 협약'도 그중 하나죠. 이 국제적 약속을 잘 지키

고 법과 제도를 개선하는 것은 '인류의 가장 아름다운 약속'을 지키는 좋은 방법입니다.

정부, 국가인권위원회 그리고 시민사회 단체

정부와 국가인권위원회, 인권 향상을 위해 활동하는 시민사회 단체는 인권을 바라보는 시각에 차이가 있습니다. 그 차이로 인해 서로 협력하기도 하고 갈등하기도 해요. 대체로 정부가 행하는 정책을 국가인권위원회와 시민사회 단체가 감시하고 비판하며, 더 나은 방향으로 가도록 노력하지요. 주로 국내에서 서로 입장을 내놓고 다투거나 협의하지만, 때로는 국내 인권을 국제적 기준으로 끌어올리기 위해 국제 무대를 활용하기도 합니다.

정부와 국가인권위원회는 모두 대한민국의 국가기구이면서 인권에 대해서는 서로 다른 견해를 보일 때도 있어요. 정부는 국가를 효율적으로 운영한다는 목적이 더 강하다 보니, 개개인의 인권을 덜 중요하게 여기는 잘못을 하기도 합니다. 국가인권위원회는 사회 구성원의 인권 보호와 향상에 가장 큰 목적을 두고 있기에 국가 이익과 사회 구성원의 인권이 충돌할 때 인권 편에 서는 데 앞장서곤 해요. 국가인권위원회는 이러한 입장을 잘 지킬 수 있도록 입법, 사법, 행정 등 3부 어디에도 속하지 않고 독립적인 지위를 보장받아요.

시민사회 단체는 인권침해가 벌어지는 현장에 가장 가까이 서서 활동하며 파수꾼 역할을 합니다. 특히 국가권력이 사회 구성원의 인권을 잘 보장하도록 비판적인 시선으로 감시하고 이끌며, 누구나 인권을 보장받는 사회를 만들려고 노력해요. 여성·청소년·장애인·이주민·성소수자 등

그동안 인권을 침해당해 왔던 이들의 인권을 지키려고 애쓰며, 법률·제도·정책을 변화시켜 모든 사람이 인권의 우산 아래서 보호받을 수 있도록 노력합니다.

포괄적차별금지법이 제정된다면

포괄적차별금지법은 대한민국 헌법의 평등 이념에 따라 정치·경제·사회·문화 등 모든 생활 영역에서 합리적 이유 없이 차별하는 행위를 금지하는 법률입니다.

이 법이 제정되면 차별이 발생하는 근본적인 문제를 찾아 해결하고, 무엇이 차별인지 구별하는 기준을 제시할 수 있어요. 또 차별과 혐오 행위를 없애기 위한 홍보와 토론, 교육 등 다양한 조치를 할 수 있고, 차별과 혐오로 피해를 입은 이들을 구제하고 법을 위반한 이들을 처벌할 수 있는 근거가 생깁니다.

장애인차별금지법과 같은 개별적인 차별금지법이 있지만 이런 개별법으로는 복잡한 차별과 혐오를 모두 다룰 수 없어요. 그러므로 모든 차별을 아울러 다루는 법이 필요하죠.

2006년 국가인권위원회가 법률 제정을 권고하고 법무부가 입법 예고까지 했지만 반대 의견이 강해서 아직 법을 제정하지 못했어요. 이후로 국가인권위원회는 10년 넘게 이 법을 제정하라고 권고하고 있고, 시민사회 단체들도 '차별금지법제정연대'라는 연대 기구를 만들어 법 제정 운동을 펼치고 있습니다.